D0384220

Blanca García

Blanca García

20 cualidades que definen tu vida
después de los 40

AGUILAR

AGUILAR ®

D. R. © 2012, Blanca García

De esta edición:
D. R. © Santillana Ediciones Generales, S.A. de C.V., 2012.
Av. Río Mixcoac 274, Col. Acacias
C.P. 03240, Del. Benito Juárez., D.F.
Teléfono (55) 54 20 75 30
www.editorialaguilar.com

Diseño de interiores: Fernando Ruiz.

Todas las imágenes de interiores corresponden
al banco de Shutterstock.

Primera edición: julio de 2012.
ISBN: 978-607-11-1973-5

*A Stefanie, el ángel que me ha enseñado
la magia del amor incondicional.*

*A las seguidoras de 40ymas.com,
con quienes he aprendido que lo que
no se comparte, se pierde.*

Índice

Agradecimientos

Doy gracias a la existencia porque ha puesto en mi camino un sinnúmero de personas extraordinarias con quienes he compartido esta maravillosa aventura llamada vida.

A Juan Antonio García Galván, mi papá, de quien heredé el amor por la lectura. Muchas de las frases de este libro me las dictó al oído del alma desde dondequiera que esté.

A Blanca Rojas Gross, mi mamá, la primera y más devota lectora de todo lo que escribo. Gracias por visualizarme como escritora antes de que yo misma lo hiciera.

Gracias a las lectoras de 40ymas.com, cuyo entusiasmo, participación, ejemplo de fortaleza y cariño son la inspiración detrás de cada una de las palabras en este libro.

A Claudia Nolasco, amiga del alma de esta y muchas vidas, por la motivación que me inspiran sus comentarios respecto a lo que escribo, pero sobre todo por una amistad que cruza fronteras.

A Alejandra Rojas, mi tía, quien se tomó el tiempo de leer y comentar sobre el borrador de este libro.

A Rafael Castillo Algarra, por su apoyo, su amor, y la experiencia de amarlo.

A Patricia Mazón, Fernanda Gutiérrez Kobeh, Cesar Ramos y David García, el mejor equipo editorial que la existencia me pudo haber enviado.

A Ernesto y Adriana Beltrán, por abrir la puerta a esta oportunidad mágica.

A Itzel Carranza, amiga queridísima, quien fue testigo en nuestra adolescencia del pacto que hice con el Universo de comenzar mi búsqueda espiritual después de los 40.

Anna Hughes, Kabir Jivan, Jose Luis Villanueva, Sri Amma Bhagavan, Osho, Deepak Chopra, y demás guías y maestros, quienes en diferentes momentos y de diversas formas han tocado mi vida, gracias por sus enseñanzas y por recordarme que el camino de la felicidad siempre ha estado y estará dentro de mí.

Introducción

¡FELICIDADES! Antes de comenzar a contarte de qué se trata, y de qué NO se trata este libro, quiero felicitarte. ¿Por qué? Porque TE LO MERECES. Muchas mujeres tuvieron la posibilidad de darse tiempo para leerlo y decidieron no hacerlo, pues consideraron que tienen algo más importante que hacer en lugar de dedicar unas horas a sí mismas.

Por eso, MUCHAS FELICIDADES y muchas gracias por darte esta oportunidad de recordar quién eres y qué es lo que realmente deseas crear en tu vida.

Este libro no es uno más de los que circulan en las librerías sobre autoestima y pensamiento positivo. Tampoco es un libro teórico sobre la psicología de la mujer de más de 40 años, basado en experimentos y datos científicos.

Si eso es lo que buscas, lamento decirte que aquí no lo encontrarás.

Lo que tienes en tus manos es un libro basado en ejemplos y experiencias reales: mías y de miles de mujeres como tú. Mujeres que han compartido conmigo su camino en la búsqueda de encontrarse consigo mismas, con quienes realmente son, y con quienes desean ser.

En junio de 2011, hice una solicitud a las más de 40 000 mujeres que entonces formaban parte de la comunidad de 40ymas.com: "Define en tres palabras lo que para ti significa ser una mujer de 40 y más."

La respuesta no se hizo esperar. En menos de tres horas recibí más de 600 comentarios con las frases que esas extraordinarias mujeres eligieron para definirse a sí mismas.

Me di a la tarea de analizar las respuestas e identificar las 20 más frecuentes. Las 20 palabras que, según ellas mismas, representan mejor lo que es SER una mujer de más de 40 años son:

Madura, bella, segura, plena, fuerte, experiencia, libre, feliz, aceptación, digna, armonía, tenaz, placer, paciente, creativa, valiente, guerrera, auténtica, energía, y amor.

Estas palabras son la base de cada uno de los capítulos de este libro, y lo que aquí te ofrezco no son simples afirmaciones de lo que las mujeres anhelamos ser. Lo que encontrarás son CONFIRMACIONES DE LO QUE SOMOS y que, desafortunadamente, algunas hemos olvidado. Porque las mujeres somos buenísimas para olvidar.

Este libro es una herramienta que te ayudará a reafirmar quién eres, a redescubrir en tu interior esos aspectos que has dejado de lado, por cualquier razón, durante los últimos 40 años.

Seguramente aquí no encontrarás las respuestas a todas tus preguntas porque, finalmente, las respuestas sobre cómo llevar tu vida las tienes tú y no yo. Lo que sí encontrarás es una guía que te ayudará a descubrir en TU corazón aquello que estás buscando.

Estás a punto de emprender un viaje hacia tu interior para recordar y reconocer que eres la creadora de tu vida, que tu experiencia exterior es un reflejo de tu experiencia interior, y que absolutamente todo puede parecer imposible hasta que lo haces posible.

Las riendas de tu vida están en tus manos... ¡es tu oportunidad de tomarlas y comenzar a volar!

¿Estás lista para este encuentro contigo misma y con tu potencial?

Los capítulos de este libro pueden leerse individualmente, pero mi sugerencia es que los leas en el orden que se presentan, y cuando necesites motivación en algún tema especifico de tu vida en el que sientas que estás flaqueando, regresa a leer el capítulo correspondiente.

Este libro fue escrito por mí, pero no es sólo mío. Pertenece a cada una de las maravillosas mujeres que han seguido mi camino en 40ymas.com, y a ti que lo tienes en tus manos.

Cada palabra aquí escrita fue dictada por mi corazón y, como bien sabes, los corazones no están interesados en pensamientos, sino en emociones. Por eso te invito a dejar tus pensamientos de lado y enfocarte en lo que sientes al leerlo.

Mi deseo es que lo sientas, lo disfrutes, lo vivas.

Y que lo uses para que, si aún no lo has hecho, comiences a buscar la vida que realmente deseas.

¡Porque la vida SÍ comienza a los 40!

BLANCA GARCÍA
Abril 2012

SOY MADURA

La madurez es permitirte SER lo que quieres SER.

"¿Madura yo?", exclamó una vez una amiga entre carcajadas cuando le pregunté si se sentía más madura un día después de su cumpleaños número 40: "¡Ni que fuera aguacate!"

Desde entonces, cada vez que escucho a alguien mencionar las palabras "mujer madura" me cuesta trabajo tomarlas en serio. Ni somos aguacates, ni por ser mujeres de 40 y más somos maduras; la madurez no es algo que llega con la edad, sino con la forma en que apreciamos y disfrutamos la vida.

Madurez es usar lo que sabemos. Es decir, aplicar lo que nuestra mente ha almacenado como conocimientos útiles, en nuestro favor, para favorecer nuestro crecimiento y concretarlo en vivencias reales.

Amas el mundo de las artes plásticas. Has tomado cursos y más cursos y hasta das clases de Historia del Arte en una preparatoria. Has visitado todos los museos que has podido y has aprendido todo lo humanamente posible sobre los pintores más famosos de todos los tiempos. Conoces todas las técnicas y puedes identificar al autor de cualquier obra de arte con tan solo un vistazo. Pero lo tuyo, lo que te apasiona verdaderamente es ponerte un delantal, pararte frente a un lienzo, con paleta y pincel en mano, y pintar. Quizá no lo hagas como Picasso o Matisse, pero pintar es tu verdadera pasión.

Desafortunadamente, decidiste que no eres muy buena pintando. Tu marido te ha dicho que pierdes el tiempo, y crees que quizá tiene razón.

"¿Para qué lo hago?", te preguntas: "De esto nunca voy a vivir."

También has decidido que no tienes tiempo para pintar. Entre el trabajo, las labores del hogar y los compromisos familiares, simplemente no te queda tiempo para tonterías.

"¿Dedicar una hora a pintar?", piensas: "¡A qué hora si tengo que calificar exámenes!"

Pero en el fondo del corazón sabes que "lo tuyo" es pintar. Cuando lo haces te sientes inmensamente feliz. No entiendes qué sucede exactamente, pero en cuanto comienzas a dar pinceladas en el lienzo o papel es como si te transformaras en otra mujer: la mujer que DESEAS SER.

Madurez es precisamente permitirte ser lo que deseas, y el permitirnos cualquier cosa es algo que, lamentablemente, a muchas se nos dificulta lograr. Simple y sencillamente no nos permitimos nada, o casi nada.

Muchas mujeres estamos tan acostumbradas a vivir sirviendo a los demás, que no nos damos permiso de servirnos a nosotras mismas.

Tu hijo te llama para decirte que le urge que lo lleves al entrenamiento de karate cuando tenías planeada una visita al salón de belleza. Seguramente cancelarás la cita que programaste con anticipación para atenderlo a él. ¡Verte bonita puede esperar!

Porque tu tiempo, qué lástima, pertenece a los demás.

Vas de compras con tu hija y regresan del centro comercial con cuatro bolsas llenas de vestidos y accesorios. Todos son de ella. ¡No importa, ya te tocará!

Porque tu dinero pertenece a los demás.

Te sientas a leer un libro en tu recámara, pero tu pareja decide ver un partido de futbol a todo volumen. Cierras el libro, te levantas y sales de la habitación. ¡Ya habrá otra ocasión de leer tranquilamente!

Porque tu espacio pertenece a los demás.

Tus padres siempre te dijeron: "Las niñas bonitas no lloran." Cada vez que sientes ganas de llorar te acuerdas de sus palabras y te tragas las lágrimas. ¡Qué dirían si me vieran así!

Porque tus emociones pertenecen a los demás.

Tiempo, dinero, espacio, emociones. Todo pertenece a los demás, y no porque lo "hayan tomado" sino porque nosotras lo hemos concedido. Porque eso es lo que una buena madre, una buena hija, una buena esposa, una buena amiga, una buena vecina, una buena trabajadora "debe hacer."

Creemos que eso es lo que necesitamos hacer para demostrar amor a los demás.

Y entonces no nos damos permiso de nada.

Ni siquiera de expresar lo que hay en el interior, de dejar fluir las emociones. Creemos que debemos controlar hasta lo que sentimos, y no nos expresamos por miedo al "qué dirán."

Una buena amiga te pide dinero prestado para irse de viaje. Tú tienes algo ahorrado y la verdad te sientes muy incómoda dándoselo porque es tu reserva para "emergencias". Pero la quieres mucho y sabes que ese viaje es importante para ella, así que se lo prestas. Tu amiga regresa de su viaje feliz y promete regresarte tu dinero en cuanto le paguen en su trabajo. Pasa el fin de mes, el fin del siguiente mes, y se van acumulando los meses pero ella no te regresa tu dinero. Un día le comentas que lo necesitas y ella te dice que en cuanto cobre su siguiente cheque te paga.

Así siguen pasando los meses, hasta que te enteras de que no eres la única persona a quien le debe dinero. Que como a ti, ya ha pedido a otros, a quienes les da mil excusas para pagar, y nunca regresa lo que debe.

La situación te afecta tanto emocional como económicamente pero optas no decir nada a nadie. "La ropa sucia se lava en casa", así que mejor quedarte callada a que te juzguen de chismosa y "ardida".

Así, terminas sin tu dinero, sin amiga, y con un montón de sentimientos atorados dentro que, de alguna manera, tendrán que salir, quizá con alguien que no tiene que ver en el asunto.

Tu ex amiga seguirá robando y tú, probablemente, terminarás mínimo con una úlcera por guardar silencio.

Y todo porque nos hemos creído que "calladitas nos vemos más bonitas", que nuestra voz no cuenta y que no tenemos nada importante qué decir.

"¿Para qué, si nadie me hará caso de todas maneras?"

Tampoco nos damos permiso de recibir. Somos muy buenas para dar, pero al momento de recibir, como que "nos atoramos".

Te invitan a una fiesta y la anfitriona se te acerca y dice: "¡Pero qué bonito vestido, se te ve muy bien!", a lo que

inmediatamente respondes: "No es mío, me lo prestó mi prima, yo no tengo ropa tan linda."

No estamos acostumbradas a estar del otro lado de la balanza del dar-recibir y, simplemente, no sabemos cómo manejar una situación tan sencilla como dar las gracias con afecto y sin una explicación de por qué merecemos, o no, un regalo o un cumplido.

¿Por qué? Porque para gozar del proceso de recibir, debemos aprender a estar en contacto con nuestra vulnerabilidad y cómodas con esa parte de nosotras que acepta que SÍ TENEMOS NECESIDADES, y que está bien que no seamos las que siempre damos.

De la misma manera, muchas veces insistimos inconscientemente en quedarnos "atoradas" en el pasado. No nos permitimos dejar ir lo que nos molesta del ayer, y lo llevamos cargando por la vida, dándole una importancia de la que carece en el presente. Fíjate en esta historia:

Dos monjes Zen cruzaban un río cuando se encontraron con una mujer muy joven y hermosa que también quería cruzar, pero tenía miedo. Así que un monje la subió sobre sus hombros y la llevó hasta la otra orilla.

El otro monje estaba furioso. No dijo nada, pero hervía por dentro. Eso estaba prohibido. Un monje budista no debía tocar a una mujer y este monje no sólo la había tocado, sino que la había llevado sobre los hombros.

Recorrieron varios kilómetros. Cuando llegaron al monasterio, mientras entraban, el monje que estaba enojado se volvió hacia el otro y le dijo:

–Tendré que decírselo al maestro. Tendré que informarle acerca de esto. Está prohibido.

–¿De qué hablas? ¿Qué está prohibido? –respondió el otro.

– ¿Te has olvidado? Llevaste a esa hermosa mujer sobre tus hombros –expresó el primero.

El monje increpado se rió y contestó:

–Sí, yo la llevé. Pero la dejé en el río, muchos kilómetros atrás. Sin embargo, tú todavía la estás cargando.

Como el monje del cuento, gastamos nuestra energía en quejarnos de lo que fue, en arrastrar nuestro pasado en lugar de ver las situaciones desde una nueva perspectiva. No nos damos la oportunidad de crear nuestra propia vida en el presente, momento a momento.

También olvidamos que el mundo en el que vivimos no es siempre igual y nos aferramos a no cambiar nosotras mismas.

Hemos aprendido que todo en este universo fluye de manera natural: el viento a veces es fuerte y otras ni se siente, las estaciones traen con ellas diferentes temperaturas, la noche y el día son totalmente distintos. Todo esto lo aceptamos sin pensarlo, pero cuando se trata de nosotras, no nos permitimos tener arranques de risa o de tristeza, poniendo así resistencia a nuestro universo interior.

No nos permitimos sentir, fluir, tomarnos un par de horas para nosotras mismas.

No nos damos tiempo para ir a tomar el café con nuestras amigas, o para atender un curso que nos interesa, o para leer un libro, o para simplemente no hacer nada, porque nos asalta el sentimiento de culpa ya que nos hemos convencido de que NO LO MERECEMOS.

Pero cuando finalmente nos permitimos hacer una pequeña pausa en el camino y ver lo que sentimos, muchas nos topamos con que a pesar de ser "niñas buenas" no somos cien por ciento felices.

Llega un momento en que comenzamos a sentir resentimiento porque "damos todo y no recibimos nada a cambio".

Descubrimos que no somos transparentes... ¡existimos!

¿Y por qué sentimos esto si nos hemos portado tan bien dándole nuestro todo a los demás?

Porque se nos ha olvidado que en realidad no estamos dándolo todo, ya que...

No puedes dar lo que no tienes.

Si alguien se te acercara y te pidiera que sacaras de tu cuenta un millón de dólares para dárselos, ¿qué pasaría? Nada, ¿verdad? Simplemente no puedes dar algo que no tienes.

Lo mismo sucede con todo eso que decimos que damos a los demás: cariño, compasión, paciencia, amor, tolerancia, comprensión...

¿Cómo puedes dar cariño si no te lo das a ti misma?

Cuando eras adolescente te veías en cualquier espejo que se cruzara en tu camino. ¡Tu reflejo en la lámina del coche era suficiente para admirarte! Pero hace muchos años que decidiste que ese artefacto que refleja tu imagen es mejor usarlo sólo para maquillarse, peinarse y, por consecuencia, quejarse de las nuevas arrugas y canas que "aparecieron" en los últimos días. Todo lo que expresas sobre tu físico es en sentido negativo: "¡Estoy gorda... estoy canosa... tengo bolsas bajo los ojos...!"

Ni una muestra de cariño para ti.

¿Cómo puedes mostrar tolerancia si no eres tolerante contigo misma?

La casa debe estar perfectamente limpia. El reporte que entregas cada mes en la oficina no debe tener ni el más mínimo detalle fuera de lugar. La comida que preparas debe ser digna de cualquier restaurante gourmet. Todo lo que haces debe ser perfecto y, si no es así, no es aceptable.

No das ni una muestra de tolerancia para ti.

Si comprendiéramos la importancia de empezar por darnos a nosotras mismas, dar a los demás sería muy fácil, y sucedería por sí solo. Y una vez que damos a los demás desde lo más profundo de nuestro ser, entonces recibir también se dará naturalmente.

En el DAR está el RECIBIR.

Así que el secreto es comenzar por nosotras mismas. ¡Qué concepto tan simple y tan difícil de cumplir!

Nos hemos pasado una vida dando, dando y dando a los demás sin tener realmente suficiente para ello. Es como si sacáramos y sacáramos dinero de la tarjeta de crédito y con ello nos estuviéramos sobregirando. El banco nos cobra intereses y nosotras, en lugar de abonar, hacemos crecer la deuda hasta que se vuelve impagable.

Nuestra cuenta en el banco es como nuestro corazón y el dinero es como el amor, el cariño, la compasión y todo eso que creemos tener dentro de nosotras en abundancia y que damos a los demás.

La realidad es que, como ya vimos, nos dedicamos a dar a otros y nada a nosotras. Creemos que los "depósitos" a la cuenta de nuestro corazón deben ser hechos por otras

personas a cambio de lo que nosotros les hemos dado y ¡ahí está el problema!

Para tener un corazón dichoso y pleno hay que llenarlo desde adentro, no desde afuera.

Nuestra cuenta de banco no acepta depósitos externos sino internos.

Nunca serás dichosa si esperas que otros sean los que te hagan dichosa. No es responsabilidad de los demás que seas feliz, sino TUYA.

Como tampoco es TU responsabilidad que los demás sean felices. Tú puedes convertirte en el ejemplo que los ayude a transformarse en una mejor versión de sí mismos, pero recuerda que no es tu trabajo cómo eligen vivir su vida.

Recuerda que ser feliz es una decisión personal que no puede ser impuesta.

La felicidad se encuentra DENTRO y no fuera.

El amor se encuentra DENTRO y no fuera.

La paz se encuentra DENTRO y no fuera.

Una vez que reconoces que esto es así, puedes comenzar a trabajar conscientemente en tu felicidad, en tu amor, tu paz y en todo lo que deseas para ti misma.

Cuando te sabes feliz, te sabes amorosa y te sabes en paz, todo esto se proyecta hacia el exterior sin necesidad de hacer nada. Simplemente siendo tu misma.

Tus hijos se contagian de esa felicidad, tu pareja de ese amor, tus compañeros de trabajo de esa paz, porque nuestra experiencia exterior no es más que un reflejo de nuestra experiencia interior.

¿Te das cuenta? No necesitas regalarle tu tiempo, tu espacio, tus emociones y tu todo a los que amas para demostrarles tu amor. Todo lo que necesitas es darte permiso de amarte mucho, de encontrarte a ti misma, y de disfrutar de quien eres.

Todo esto ya lo sabes. Ahora es tu decisión cómo usarlo.

Porque eres una mujer madura, no cuando sabes mucho, sino cuando usas lo que sabes para vivir feliz y en plenitud.

SOY BELLA

La belleza está dentro de ti y no en el espejo.

"Soy bella" es quizá una de las confirmaciones que más trabajo nos cuesta decir a la mayoría de las mujeres de 40 y más, porque en algún momento de nuestra vida, sin darnos cuenta, simplemente dejamos de creer que lo somos.

En lo personal me afectó muchísimo lo que veía en el espejo desde unos meses antes de mi cumpleaños número 40.

Cuando tenía 39 años, comencé a notar cambios en mi cuerpo. Es obvio que SIEMPRE hubo y siempre habrá cambios en mi cuerpo, pero yo estaba verdaderamente angustiada por el hecho de que muy pronto me empezaría a ver como una "cuarentona."

En mi mente, no quise hacer caso de que hoy en día muchas de las mujeres más sexys del mundo son mujeres de más de 40 años, como Demi Moore o Jennifer Aniston. Para mí, en mi mente, llegar a esta edad significaba que me estaba convirtiendo en vieja, y punto.

Odié esas primeras canas que, de repente y sin ser invitadas, se asomaron un día que me hacía falta ir al salón de belleza a hacerme luces. No me importó si Hellen Miller se veía maravillosamente sensual con su cabello totalmente blanco. ¡A mí las tres canas que me salieron me parecían horribles!

Estaba traumada debido a las venas que se comenzaron a notar como protuberancias azules y enormes en mis manos. ¡Me recordaban a las manos de mi abuelita cuando ella tenía 93 años!

¡Y no soportaba ver arrugas en mi cara... sobre todo en la frente!

Dejé de gustarme debido a mi falta de juventud, a que ya no tengo esa piel lisa y tersa como la de una veinteañera, y por no tener todas las partes de mi cuerpo en su lugar original. Ese lugar que orgullosamente ocupaban antes de que la gravedad causara su efecto.

Aunque jamás en mi vida me habían importado, de repente me di cuenta de los cambios y me entró la preocupación porque no sólo ya no me parecería a las modelos que salen en las portadas de las revistas de moda y en los anuncios de la televisión, sino porque YO bien podría ser la mamá de cualquiera de ellas.

Los estándares de belleza impuestos por los medios de comunicación y la sociedad pudieron más que mi frágil amor por mí misma.

Comencé a odiarme por lo que carezco, en lugar de amarme por lo que SOY.

No te odies por lo que careces. Ámate por lo que ERES.

Cuando nos concentramos en lo que NO somos, en lo que NO tenemos, en lo que "nos hace falta", lo que hacemos es olvidarnos de lo que SÍ somos, de lo que SÍ tenemos, y de lo que hasta "nos sobra."

Al enfocar nuestra energía en las carencias, sólo logramos enaltecerlas, porque la energía acumulada se expande.

Imagina que estás prendiendo una fogata y necesitas que la llama crezca. ¿Qué utilizas para lograrlo? Probablemente algún tipo de combustible como gasolina, la cual hará que esa llama sea mayor. ¿No es así?

Pues bien, si te enfocas en odiar a alguna parte de tu cuerpo que consideras con fallas, ese odio funcionará como la gasolina de la fogata y lo único que lograrás es engrandecer tu percepción y la de los demás sobre esa parte.

Yo odiaba las arrugas de mi frente. Sentía que parecían vías del tren. Que un carrito de juguete las podía usar como pista de carreras. En fin, no había día en que no rezongara, ni persona con quien no me quejara de ellas.

Lo interesante es que nadie parecía haberlas notado hasta que yo comencé a darles importancia.

¡Hasta que un buen día, el dueño del salón de belleza al que iba, harto de mi cantaleta sobre las arrugas de la frente, me convenció de que debía arreglarme el fleco para cubrirlas y verme más joven!: "Blanca, acabas de perder 10 años en un minuto...."

Lo que había sucedido es que me olvidé por completo de que mi belleza exterior no desaparece con la edad, sino que simplemente cambia, como cambia todo, absolutamente todo en este mundo, minuto a minuto.

Así como el día se convierte en noche y el verano se convierte en otoño, así la belleza exterior no desaparece,

se convierte en otro tipo de belleza: la belleza de la mujer madura.

Ser bella a esta edad es aceptar que mi cuerpo ya no es el de antes y que no por eso ha dejado de ser un instrumento hermoso y receptivo a través del cual canalizo mis emociones.

Ser bella es conocer mi cuerpo, saber perfectamente bien qué me causa placer físico, qué es lo que no me gusta sexualmente, y no temer decirlo a mi pareja.

Ser bella es saber que esas arrugas alrededor de los ojos son el resultado de las muchas veces que he visto el sol directamente durante un bello atardecer, y que las arrugas en mi frente están ahí gracias a las miles de sorpresas que la vida me ha regalado.

Ser bella es reconocer que esas mismas líneas de expresión son testimonios de la intensidad de cada experiencia vivida, de la alegría de cada sonrisa compartida y de la seguridad de que mi verdadera belleza se encuentra en mi interior.

YO decido qué tan bella soy.

¿Te has puesto a pensar cómo la mayoría de las mujeres medimos nuestra imagen personal?

Desafortunadamente muchas de nosotras, aun después de haber cumplido los 40 y de considerarnos maduras e independientes, insistimos en miramos a través de los ojos de los demás y permitimos que sean otros los que nos definan. ¿No crees que hay algo ilógico en esto?

Vamos a analizarlo juntas: todo lo que somos, nuestra esencia, se origina dentro de nosotras mismas. Nuestra mente almacena los recuerdos del pasado. También guarda todo el

conocimiento adquirido como andar en bicicleta o caminar. Nuestro corazón resguarda nuestros sentimientos y emociones, que son ligados a los recuerdos a través de "etiquetas emocionales" que han sido atribuidas a cada evento vivido; y no hay manera posible de que otro ser humano tenga acceso a las impresiones grabadas en nuestro cerebro y a los sentimientos del corazón.

Si estamos de acuerdo que así es, entonces, ¿cómo podemos permitir que alguien que nos mira desde el exterior nos diga no sólo cómo somos, sino cómo "debemos" ser?

A través de nuestros pensamientos, palabras y acciones proyectamos nuestra belleza interior. Si a alguien no le gusta lo que proyectamos, entonces nos está rechazando.

Sí, estoy de acuerdo con que el rechazo puede ser algo muy doloroso, pero no es nuestro dolor. El dolor pertenece a la otra persona. Si él o ella tienen un problema con lo que ven en nosotros y nos lo comunican de una manera agresiva o mediante un ataque, entonces el problema está en su forma de vernos y no en nosotras mismas.

Cuando dejamos que el rechazo nos afecte, le otorgamos demasiada importancia a la opinión de los demás sobre lo que SOMOS.

Lo que propongo no es que dejemos de escuchar la opinión de los demás sobre nosotras. Sino que no permitamos que esa opinión externa sea lo que nos dicte cómo vivir.

Todas tenemos rasgos en nuestro carácter que pueden molestar a otras personas; pero una persona que en realidad te quiere te lo hará notar con amor. Te lo dirá con el fin de ayudarte y porque realmente piensa que es lo mejor para ti.

Porque todo lo que sale del corazón, tiene como destino otro corazón.

Y cuando esto sucede, alégrate, ya que estás recibiendo un grandioso regalo: ¡la oportunidad de crecer y evolucionar como persona!

Parte del proceso de definir tu belleza interior y crecer, es aceptar que existen rasgos de nuestro carácter que no necesitamos más, y deshacernos de ellos.

Reinventarnos como mujeres es fantástico, siempre y cuando lo hagamos por nosotras mismas y no por alguien más, completamente convencidas de que eso es lo que realmente deseamos,

¿Y qué hay del aspecto físico?

Tu cuerpo es el vehículo que te permite SER parte de este mundo físico.

Es el instrumento a través del cual transmites tus pensamientos y tus emociones al entorno.

Como bien dicen: el cuerpo es el templo del alma y, como tal, merece absoluto respeto y cuidado.

Tú decides qué introduces en tu cuerpo en forma de alimento, medicina o droga; decides si lo ejercitas o no, y si deseas hacer cambios que te harán sentir mejor. A fin de cuentas: tú conoces tu cuerpo mejor que nadie, ¡has vivido con él más de 40 años!

De la misma manera en que eres creadora de tu vida al decidir cómo lidiar con los cambios que en ella se presentan, también creas tu cuerpo al elegir lo que haces o no haces con él.

Como todo en la vida: si algo no te hace feliz, ¡cámbialo!

Cambia tu dieta si sabes que tu cuerpo estará más sano y te sentirás más atractiva con menos kilos.

Recuerda que las mujeres de 40 años y más que estamos entrando, o a punto de entrar en la menopausia, sufrimos

una disminución en el nivel de estrógenos, lo que disminuye el ritmo del metabolismo, y aumenta el apetito. Lo que puede resultar en un incontrolable aumento de peso, aun en mujeres que siempre han sido delgadas. Para evitarlo, es necesario mantener una dieta sana.

La base de tu dieta deben ser verduras, frutas, productos de grano integral, pollo, pescado y productos lácteos bajos en grasa. Evita ingerir azúcar, sal, bebidas alcohólicas, comida enlatada; y toma de a 6 a 8 vasos de agua diarios.

Si necesitas bajar de peso, elimina la comida frita y opta por alimentos horneados, hervidos, a la parrilla o rostizados. Usa condimentos libres de grasa y olvídate de la comida rápida. Si llevas a tus hijos o nietos a un restaurante de comida rápida, ¡pide una ensalada!

Cambia tus hábitos si deseas introducir una rutina de ejercicio a tu día.

No olvides que a nuestra edad el ejercicio es indispensable: la masa muscular disminuye y los huesos se debilitan; así que si antes hacías ejercicio para verte bien, ahora lo necesitas para mantenerte sana.

No hace falta que te pongas a levantar pesas, ni que corras una maratón –a menos que así lo desees. Basta con que dediques 45 minutos, de 3 a 4 veces por semana, al ejercicio. Si no te gusta ir al gimnasio, por lo menos trata de correr o caminar rápido en tu vecindario. El yoga y los Pilates son buenas alternativas, ya que no cansan, no toman mucho tiempo y dan excelentes resultados.

Cambia tu guardarropa, peinado y maquillaje si sientes que necesitas una nueva forma de arreglarte para verte bien y lucir más tus cualidades físicas.

No hay reglas sobre lo que "debe" o no usar una mujer de más de 40. Lo realmente importante es que te sientas cómoda y, sobre todo, bien contigo misma.

¿Y qué hay de cambiar algo en tu físico por medio de cirugía plástica? ¿Por qué no si eso es lo que TÚ realmente deseas y lo estás haciendo por TI y nadie más?

Yo alguna vez tuve un novio que me quiso regalar unos implantes para agrandar mi escaso busto. Al principio la idea me pareció buena hasta que, ya en el consultorio del cirujano plástico, me di cuenta de que eso no era algo que YO deseaba hacer y que estaba a punto de someterme a un cambio radical de mi cuerpo por complacer a alguien que no me aceptaba como soy y que deseaba cambiarme.

¡Sobra decir que en ese momento dejó de ser mi novio!

La cirugía plástica no es una mala opción mientras no existan riesgos de salud para ti, mientras acudas a un profesional certificado, lo hagas libre de temores y siguiendo el deseo de TU corazón y no el de otra persona.

El secreto para ser totalmente bella está en el balance.

Lograr el equilibrio entre nuestra belleza interior y exterior es lo que nos hace femeninas. Es lo que define nuestra femineidad, o feminidad, como también suele escribirse.

Yo prefiero usar la palabra "femineidad" pues rima con "deidad" que como bien sabemos refiere a los dioses, y para mí, con el simple hecho de ser mujeres de más de 40, somos todas unas Diosas.

Somos bellas Afroditas experimentadas en cuestiones del amor; sabias Ateneas tan diestras en impartir justicia como en apreciar la belleza de las artes; y también místicas Artemisas, tan fuertes y valientes como cautivadoras.

Somos femeninas desde que nacemos. Es una cualidad innata que va evolucionando y transformándose con el tiempo, como todo en nuestra vida. La femineidad después de los 40 no es igual que la femineidad que están viviendo nuestras hijas o nuestras nietas.

Si es así... ¿cómo definiríamos la femineidad en esta etapa de nuestras vidas?

¿Acaso la femineidad de la mujer de 40 y más es lo opuesto de la masculinidad del hombre maduro?

¿O quizá nuestra femineidad es el complemento de su masculinidad? ¿O es la manifestación de esa energía interior, de esa energía vital, que es el centro de nuestra propia existencia?

Quizá la femineidad de la mujer de 40 años y mayores a esta edad es un poco de todo esto y más: es permitirnos ser vulnerables, demostrar nuestras emociones, pedir un abrazo, solicitar ayuda, aceptar que está bien que los otros se preocupen por nosotras.

Es suavizar esa rigidez que siempre hemos creído parte de nosotras, y que en realidad no lo es, para fortalecernos lejos del miedo al ridículo o a parecer débiles.

Es recordar que no somos ni mejores ni peores que los hombres, sino simplemente diferentes, y que está perfectamente bien serlo.

Es reconocer que, por naturaleza, las mujeres somos intuitivas, poéticas, creativas, románticas, míticas e imaginativas. Que estos son los regalos que la vida nos ha dado y que depende de nosotras si los convertimos en herramientas para fortalecernos o para destruirnos.

Es saber que para ser felices no necesitamos adoptar las cualidades naturales de los hombres, quienes son lógicos, racionales, científicos y calculadores por naturaleza. No necesitamos convertirnos en hombres, como muchas lo hemos hecho hasta ahora en este mundo principalmente masculino, para llegar a ser personas íntegras y felices.

Es una divina realidad que existe dentro y fuera de nosotras, y que se manifiesta a través de nuestros movimientos, nuestras expresiones, nuestro ser.

La femineidad es lo que como mujeres somos y elegimos ser: bellas por dentro y por fuera.

SOY SEGURA

Seguridad es saber quién ERES y para qué lo eres.

Si algo nos distingue a la mayoría de las mujeres de 40 y más, de las más jóvenes, es esa seguridad que emana de nuestro ser en cada una de nuestras acciones.

Hablamos siempre con la certeza, y sin ninguna duda, de que lo que decimos es lo adecuado, ya sea en nuestro trabajo, o en una conversación informal.

Caminamos como si siempre supiéramos hacia dónde vamos.

Miramos el mundo a través de dos ojos que ya han visto bastante y de dos oídos que han escuchado lo suficiente.

Nuestras diversas experiencias nos hacen sentirnos seguras de todos los conocimientos que hemos atesorado a lo largo de años de estudio, trabajo, viajes, relaciones y, en algunos casos, búsqueda espiritual.

Muchas creemos que esa seguridad proviene de lo que hemos aprendido de los cientos de libros que hemos leído, en nuestra carrera en una universidad prestigiosa y en las maestrías en el extranjero, en el hecho de que hemos visitado otros países, hablamos varios idiomas y nos hemos casado más de una vez.

Aun si no hemos hecho todo lo anterior, estamos convencidas de que somos seguras por todo lo que conocemos del mundo exterior, pero nos olvidamos de que la verdadera seguridad viene del conocerse y amarse a uno mismo.

Por supuesto que puedes pasarte una vida dedicada a alimentar tu mente de conocimientos que te harán parecer una mujer muy segura ante los ojos del mundo. Pero esa es una seguridad falsa, ya que siempre habrá alguien que sepa más que tú, que cuestione tus conocimientos y que destruya tu ilusión de seguridad.

Para conocernos y descubrir quiénes somos, hay que ponernos en contacto, no con nuestro ego o "yo exterior", quien se alimenta de conocimientos adquiridos, sino con nuestro "yo interior". Con esa parte compuesta por nuestra esencia, nuestra verdad, nuestra sabiduría.

El camino para llegar a ese lugar interno, lejos del bullicio exterior, no es a través de la mente y pensamientos, sino del corazón y los sentimientos.

Una vez que logramos hacer contacto con ese centro de amor que existe dentro de nosotras, cualquier miedo o inseguridad que tengamos desaparecen automáticamente. También desaparece la necesidad de acumular conocimientos y pensamientos adquiridos de otras personas, y se incrementa el deseo de conocernos más a través de nuestras propias experiencias internas.

Nos interesamos más en tener nuestras propias experiencias de, por ejemplo, dicha y compasión, que por hacer un diplomado en mártires y santos compasivos del siglo xx.

Nuestras experiencias son las que nos dan sabiduría, y nuestra sabiduría es lo que nos hace SER seguras, ¿o alguna vez has escuchado sobre algún sabio inseguro?

Estaba una vez el filósofo Diógenes cenando lentejas cuando de pronto lo vio Aristipo, quien vivía confortablemente como recompensa por su adulación constante al rey.

Aristipo le dijo: "Si aprendieras a ser sumiso al rey, no tendrías que comer esa basura de lentejas."

A lo que Diógenes replicó: "Si hubieras aprendido tú a comer lentejas no tendrías que adular al rey."

Tu colección de conocimientos externos te hace una mujer culta y educada, tu colección de experiencias internas te hace una mujer sabia y segura.

Nuestra seguridad personal es lo que nos permite superar cualquier sentimiento que nos impide SER felices. Ese sentimiento que es precisamente la fuerza opuesta del amor. Su antónimo. ¿Sabes a qué sentimiento me refiero?

No es la indiferencia.

No es el odio.

Me refiero al miedo. El miedo es la fuerza opuesta del amor.

¿Y a qué le tememos? ¿Qué es lo que nos impide lograr nuestros sueños? ¿Qué es lo que a muchas nos hace sentirnos inseguras, mártires, víctimas, como si nuestra vida fuera un drama?

Es, nada más y nada menos, que el miedo a reconocer nuestro propio potencial como mujeres.

Sí, la verdad es mucho más fácil "jugar" el papel de víctima que tomar responsabilidad de nuestra vida. Es más sencillo creer que no podemos cambiar "todo eso" que nos hace sentirnos miserables y frustradas porque sin duda "todo nos pasa a nosotras".

Nuestro temor más profundo es admitir nuestro poder.

Todas tenemos el poder de superar ese temor que se ha acumulado dentro de nuestro ser inconscientemente, y de reconocer que dentro de cada una existe una fuerza maravillosa capaz de hacer posible lo imposible.

Todo puede parecer imposible hasta que nosotras lo hacemos posible.

De hecho NO existen imposibles. Nosotras los creamos. Todo es cuestión de perspectiva. De ver las cosas de una manera diferente.

Dicen por ahí que "a la palabra imposible le sobran dos letras". Yo digo que no le sobran sino que esas dos letras están invertidas: "im" debería escribirse "mi" como en MI+POSIBLE, por ejemplo: "Sueño imposible" debería de escribirse "MI sueño posible", "Vida imposible" sería "MI vida posible", "Amor imposible" sería "MI amor posible"...

Cuando comienzas no sólo a ver sino a experimentar la vida de esta manera, con la seguridad de que todo, absolutamente todo lo que deseas es posible, te fortaleces increíblemente como mujer.

Yo viví durante muchos años fuera de mi país. Tuve la enorme oportunidad de irme a Europa a estudiar mi carrera, luego me casé con un extranjero y me quedé a vivir y trabajar con él en su propio país. Tuvimos una hija, y cuando la relación terminó él se negó rotundamente a que la niña se fuera conmigo. Como dejar a mi hija era algo que no estaba dispuesta a hacer, me "tuve" que quedar a vivir del otro lado del mundo, aislada, lejos de mi familia y de mi país porque mi ex "no me dejó" regresar.

Era IMPOSIBLE que lo hiciera: todas las leyes estaban en mi contra, no tenía ni los recursos, ni el apoyo necesarios para lograrlo.

O más bien esa es la situación que yo creé en mi mente y que grité a los cuatro vientos durante los casi diez años posteriores a la separación: "Una vida imposible." Una vida de víctima.

Como había decidido que era imposible hacer algo al respecto, lo único que escuchaba decir a los demás es que en efecto, era imposible. Estaba cerrada a cualquier consejo que pudiera iluminar mi camino, a ver otra posibilidad.

Porque la persona que debía de proyectar la luz que iluminaría ese camino tenía que ser YO misma, nadie más.

Hasta que llegó el momento en que decidí que sí era posible hacer lo que tanto deseaba. Sólo entonces todo empezó a fluir, y en seis meses logré lo que me había sido "imposible" por una década: regresar a vivir a México con mi hija.

¿Qué me dio la seguridad para decidir que sí era posible?

No fue algo que leí en un libro, ni el consejo de una amiga, ni la asesoría de un abogado. Todo eso vino después, una vez que decidí que estaba lista para vivirlo. Lo imposible fue posible cuando comencé el proceso de encontrarme conmigo misma y, como consecuencia, comencé a amarme incondicionalmente.

¿Cómo me conecté conmigo misma? Por un lado comencé a meditar, a acallar mi mente y mis pensamientos, a escuchar más a mi corazón. También comencé a escribir, que para mí es otra forma de enlazarme conmigo misma y de abrir mi conciencia desde lo más profundo de mi ser hacia el exterior.

Meditar y escribir son dos opciones posibles si buscas una conexión contigo misma. Pero no son las únicas. Danzar, pintar, cantar, son otras de las muchas formas en las que puedes encontrar la manera de silenciar el mundo exterior y ponerte en contacto con tu ser interior.

En lo personal, el proceso de escritura y meditación me hicieron saber conscientemente que soy responsable de mi vida, esto me dio la seguridad para transformarla. Pero la transformación se hizo de adentro hacia afuera. No comencé por hablar con el abogado para conseguir los recursos e iniciar el proceso, sino por escuchar a mi corazón y respetar sus deseos.

Así es: escuchar a mi corazón y respetar sus deseos. ¿Cuántas veces hacemos exactamente lo contrario? Pensamos en lugar de sentir. Escuchamos a nuestra mente y dejamos a un lado a nuestros sentimientos, olvidados en un rincón, abandonados como si fueran innecesarios.

Se nos olvida que somos seres íntegros formados de tres partes: cuerpo, mente y corazón, y nos enfocamos en vivir sólo con base en nuestros pensamientos.

Decidí dejar de escuchar a mi mente que sólo repetía: "No se puede, no se puede, no se puede", y escuché a mi corazón que afirmaba con toda seguridad: "Es posible."

Cuando comencé a expresar segura y claramente mi deseo, todo se comenzó a dar naturalmente. Dejé de pensar: "Deseo regresar algún día a mi país", y a principios de 2011 comencé a ser especifica con lo que quería lograr: "En agosto de este año volveré a México, con mi hija."

Porque cuando te ves logrando algo, cuando un propósito lo ves como un hecho, estás creando una realidad nueva para ti. Esto es lo que muchas personas llaman "visualizar", lo que considero un paso elemental en el proceso de trasformación de lo que somos a lo que deseamos SER.

Mentiría si escribiera que todo sucedió sin esfuerzo, porque hubo un gran esfuerzo de mi parte y de mucha gente que me ama, ¡y mucho! Pero sin forzar las situaciones y dejándolas fluir todo se fue dando, y el 10 de agosto de 2011 llegamos mi hija, once piezas de equipaje, y yo, al aeropuerto de la ciudad de México para comenzar una nueva etapa de nuestra vida.

Desde entonces, si alguien me dice que algo es imposible, puedo afirmar con seguridad que no es así. Los imposibles los creamos nosotras por miedo a transformar lo insignificante de la vida en algo significativo.

¿Qué es lo insignificante en tu vida? ¿Te lo has preguntado alguna vez?

Llevas muchos años sin pareja y ahora sientes que deseas compartir tu vida con alguien. Lo platicas con tus amigas, las cuales te dicen que ya no existen hombres que quieran tener una relación con mujeres de más de 40, que prefieren a mujeres mucho más jóvenes. Te ves en el espejo y comienzas a sentirte insegura de ti misma: definitivamente no te ves como una jovencita. Te comparas con las mujeres que salen en las revistas y concluyes que estás muy lejos de parecerte a ellas. Decides que, seguramente, será imposible encontrar a un hombre con quien tener una relación de pareja… ¿para qué intentarlo? ¡Mejor te resignas a quedarte soltera a pesar de que tu deseo es otro!

El miedo a transformar un mito que es insignificante en tu vida es lo que hace imposible la oportunidad de que tengas una relación de pareja significativa.

Insignificante en tu vida es lo que piensan los demás de ti.

Insignificante en tu vida son los condicionamientos impuestos por la sociedad.

Insignificante en tu vida es lo que no te deja SER lo que deseas ser.

Quieres ser feliz pero...

Todas las palabras que puedes colocar después de ese "pero" son insignificantes, y tú las puedes transformar en significativas.

Quiero ser feliz pero... no tengo suficiente dinero.

Quiero ser feliz pero... no tengo el trabajo que deseo.

Quiero ser feliz pero... mi pareja no me lo permite.

Significativo es saber que tu felicidad esta dentro de ti y no en tu cuenta de banco, ni en un empleo, y tampoco en tu pareja.

Esto no quiere decir que te olvides del dinero y vivas incómodamente, o que no trabajes y mandes a volar a tu pareja. Por el contrario. Lo que quiero decir es que ni el dinero, ni tu pareja, ni tu trabajo SON la felicidad. Pero si tú decides que ERES feliz, si tomas la decisión de serlo sin depender de factores externos, entonces todo en tu vida será una proyección de esa felicidad.

El dinero no aparecerá mágicamente, pero las condiciones para atraerlo a tu vida serán más claras, simplemente porque ya no estás preocupándote por lo que no tienes, sino ocupándote de lo feliz que eres con lo que sí es tuyo.

Tu pareja no va a cambiar, no se va a convertir de la noche a la mañana en el príncipe azul de los cuentos de hadas, pero tu forma de percibir la relación con él, sí cambiará.

Igualmente, tu trabajo no se transformará milagrosamente, pero tu percepción sobre lo que puedes hacer para disfrutarlo más o cambiarlo por otro que te satisfaga será más evidente.

¡Y qué seguridad nos da saber todo esto y aplicarlo en la vida como mujeres de 40 y más!

¿Cómo no vamos a caminar por la vida con la frente en alto si estamos seguras de que somos felices aun si el resto del mundo insiste en que vivimos en un mundo cruel?

Un mundo cruel.

Te levantas en la mañana y ves un bello amanecer. ¿Un mundo cruel?

Abres los ojos y estás con tu familia. Viva. Oyes la voz de tu marido. Sientes el beso de despedida de tus hijos antes de salir a la escuela. ¿Un mundo cruel?

Desayunas. Sientes cómo tu cuerpo se llena de energía con el alimento. ¿Un mundo cruel?

Sales a la calle y sientes el viento en tu cara. El frío te recuerda que estás viva. Que como hay días fríos también los hay soleados. ¿Un mundo cruel?

Las mujeres de 40 y más sabemos que somos parte de un mundo que puede ser tan maravilloso o tan desgraciado como lo decidamos.

Porque sabemos que nosotras tenemos el PODER de crearlo.

Y eso es lo que define nuestra seguridad.

SOY PLENA

Plenitud es aprender a disfrutar cada momento de la vida.

La mujer plena es la que sabe que vive su mejor momento y por tanto disfruta la vida con intensidad.

Disfrutar al máximo es ser mujeres totales, es entregarse por completo en todo lo que somos y lo que hacemos, y esto es una forma de vida que como mujeres de 40 y más decidimos adoptar, y así, ¡no hay quien nos detenga!

¿Cómo vive totalmente una mujer de 40 y más?

Para empezar mandamos "a volar" a la vergüenza. Tiramos a la basura esa frase que hemos repetido un millón de veces en la vida y que intenta asomarse cuando nos ponemos nuestra máscara de mustias: "Me da pena."

Vivir sin pena no significa que nos convirtamos en unas sinvergüenzas y nos olvidemos de las normas sociales, que andemos por la vida sin ropa cuando nos da calor o diciendo groserías sin pudor. ¡Hay que ser totales, sí, pero también aterrizadas y congruentes con nuestro entorno y con la realidad que vivimos!

Vivir sin pena es vivir sin condicionamientos.

Vas a pasar unas vacaciones a la playa y hace un calor de locura. Tu suegra antes de salir mencionó que las mujeres de "tu edad" no deberían descubrirse las piernas encima de la rodilla. Así que por pena a que alguien te vea como una "mujer demasiado atrevida" dejas en la maleta tus shorts favoritos y la minifalda tan linda que compraste, y cuando sales a cenar con la familia te pones los jeans para el viaje en carretera.

Tu suegra ni siquiera está en la playa, pero la llevaste a tus vacaciones, lo mismo que a sus ideas. No te permitiste disfrutar el momento plenamente como te hubiera gustado.

La pena existe sólo en la mente. Es un miedo a lo que los demás puedan opinar o no sobre nosotras. Vivir con pena es vivir la vida que los demás creen que es mejor para nosotras.

Es tenerle miedo a ser total.

¿Y qué es ser total?

Ser total es vivir con intensidad. Es saborear cada instante como si no fuese a repetirse jamás, porque en realidad ¡nunca se repetirá!

Todos los días amanece, pero cada amanecer es diferente y único ¿te has dado cuenta de ello? Unos días el cielo se tiñe de rosado cuando comienza a salir el sol. Otros, las nubes se convierten en una paleta de tonos anaranjados y amarillos para darle la bienvenida al nuevo día. Y, a veces, parece no suceder nada espectacular, se hace de día y ya, sin grandes fanfarrias ni espectáculos de la madre naturaleza.

Así es todo en la vida, hasta lo más rutinario tiene su encanto especial, pero sólo si nosotras decidimos disfrutarlo siendo totales.

Hasta comer o beber algo puede ser una experiencia total, un agasajo para nuestros sentidos que tenemos al alcance de nuestra mano (o quizá debería de decir de nuestra boca) todos los días.

Un café. Esa bebida que a casi todas nos gusta y sin la cual muchas de nosotras no funcionamos por la mañana. ¿Te has detenido alguna vez a disfrutar totalmente de una taza de café? No estoy hablando de disfrutar de la plática con tus amigas mientras te tomas tu cafecito, sino del placer en sí de tomar el café.

El placer de escucharlo cuando lo viertes de la cafetera a la taza. El placer de apreciar el aroma que evoca imágenes de otros lugares, de algún cafetal en tu país, o quizá de un país lejano. El placer de saborear su gusto amargo, o probablemente endulzado con canela o azúcar. El placer de sentir el líquido caliente tocando tu lengua, tu garganta y entrando a tu cuerpo. El placer de ver la taza vacía y saber que una vez más te has dado la oportunidad de hacer algo que te gusta: tomar una taza de café.

De la misma manera puedes disfrutar de comer un plato de pasta, de abrazar a uno de tus hijos o de hacer el amor con tu pareja.

¿Cuándo fue la última vez que abrazaste a uno de tus hijos?

¿Cuándo fue la última vez que de verdad disfrutaste intensamente el placer de sentir tus brazos rodeando su cuerpo? ¿Cuándo fue la última vez que sinceramente disfrutaste del placer de escuchar su respiración mientras se abrazaban? ¿Cuándo fue la última vez que realmente disfrutaste del placer de olerlo mientras se abrazaban? ¿Cuándo fue la última vez que disfrutaste del placer de ver su cara cerca de la tuya después de ese abrazo…?

El secreto para ser plena está en saber que cada uno de nuestros actos los podemos hacer en automático, como si estuviéramos dormidas y sin sentirlos, como los robots, o podemos tomar la decisión de vivirlos despiertas y usando todos nuestros sentidos CONSCIENTEMENTE.

Quizá te parezca difícil y hasta un poco descabellado el vivir así. ¿Cuántas personas van por la vida comiendo o abrazando de esa manera?, te preguntarás.

Déjame decirte que son MUCHAS. Para ser casi exacta hay más de un millón de millones de personas que viven conscientemente y usando todos sus sentidos: ¡todos los niños pequeños de este planeta!

¡Sí! Los niños y las niñas son seres maravillosos que viven totalmente cada instante. Lleva a una niña pequeña a un parque y obsérvala. Una niña se asombra de todo lo que sucede a su alrededor, todo lo toca, todo se lo quiere meter a la boca, grita, salta, corre, hace preguntas sobre lo que observa, vuelve a correr, avienta piedras, ríe, se ensucia, vuelve a gritar, se trepa a un árbol...

"Si tú tienes muchas ganas de reír... si tú tienes muchas ganas de reír, si tú tienes la razón y no hay oposición no te quedes con las ganas de reír...."

Una niña pequeña no se queda con las ganas de hacer nada.

Una niña no se preocupa si hace las cosas de una manera diferente que los demás. No le agobia el decir que piensa y lo que siente. No le importa en lo absoluto la opinión de los otros niños.

En pocas palabras: ¡Los niños son los seres más totales del mundo!

Tú y yo fuimos así también. Ya pasaron muchos años de eso, pero así nacimos todas y la mayoría así crecimos hasta más o menos los 6 años de edad. A esa edad comenzamos a hacer de nuestros actos una serie de condicionamientos impuestos por nuestros padres, la escuela, la iglesia y la sociedad, y todo para hacernos olvidar la esencia de lo que realmente somos: libres y totales.

Aunque esto puede sonar como una muy mala noticia, la verdad es que ¡no lo es tanto! Mala noticia sería que hubiéramos nacido sin esa libertad y esa plenitud, ya que para transformarnos en mujeres plenas tendríamos que lograr una verdadera hazaña. Si reconocemos que todo lo que ha sucedido es que a lo largo de los años simplemente nos hemos cubierto con capas y capas de condicionamientos impuestos, entonces todo lo que tenemos que hacer es aprender a removerlas para descubrir nuevamente a esa niña que alguna vez fuimos.

"¡Pero si hago eso es como si echara mi experiencia de más de 40 años a la basura… eso que tú llamas condicionamientos es quien YO soy!"

Si la frase anterior es lo que estás pensando, permíteme decirte que los condicionamientos no son experiencias con las que deseas vivir. ¡Te lo aseguro!

Los condicionamientos son ideas que te han sido impuestas por otras personas. No se basan en TUS experiencias de nada, sino en la experiencia de los demás, muchas veces de gente desconocida.

"Eres una buena para nada… eres fea… nadie se va a fijar en ti… a nadie le interesa tu opinión." ESAS, y muchas frases parecidas, son el tipo de condicionamientos que hicieron que esa niñita libre y plena que alguna vez fuiste, comenzara a

dudar de sí misma, y se detuviera a pensar en lugar de simplemente SER.

Esas son las frases que debemos identificar en nuestra mente para borrarlas de nuestro corazón, ya que no nos sirven para nada y nos impiden vivir plenamente.

Lo que no se reconoce no se puede cambiar.

¿Quieres cambiar? ¿Te gustaría vivir todos los momentos de tu vida en plenitud? No sólo fechas específicas como el Día de las Madres o el Día de la Mujer, o tu cumpleaños, sino todos y cada uno de los días de tu vida.

Porque se vale decir que no. Si te gusta tener días felices y días espantosos está perfectamente bien. Si lo tuyo, lo realmente tuyo, es el drama y vivir una vida de telenovela, ¡adelante! Tienes derecho a vivir como TÚ elijas.

Si decides que sí, que te encantaría vivir totalmente cada momento, entonces comienza por identificar y aceptar esas etiquetas que guardas en la cabeza que crees que definen la persona que eres. Porque son esas etiquetas precisamente las que te llevan del pasado al futuro constantemente y que no te permiten vivir el presente. Porque en el presente ERES. En el pasado fuiste y en el futuro… en el futuro ¡nadie sabe qué sucederá, así que para qué preocuparse!

Reconoce cuáles son esas etiquetas, ¡quítalas de ti, bórralas, échalas a la basura!

Cierra los ojos e imagínate cuando tenías 5 ó 6 años, cuando sabías que eras capaz de todo, cuando la Mujer Maravilla se quedaba corta comparada con tus súper poderes.

Ahora fíjate bien, esa niñita súper poderosa está cubierta por muchas etiquetas de colores que dicen cosas como: "Soy tonta";

"soy inútil"; "soy fea"; "no puedo"; "la vida es difícil"; "sufro mucho". ¿Crees que esa niñita se puso esas etiquetas sola?

Como dicen por ahí: "Todos llevamos un niño dentro", y eso es algo muy cierto, pero ese niño o niña es un pequeño muy diferente al que fue en su momento. No es un niño pleno. Es un niño encerrado en el cuerpo de un adulto que ha elegido darle más importancia a su experiencia externa que a su verdadera felicidad: Un adulto que se ha cubierto de etiquetas.

Puedes afirmar que no necesitas de esa niña "feliz". "¿Para qué, si la felicidad no está en brincar en charcos y subirse a los arboles? La felicidad está en tener una linda casa, un buen auto y en ser exitoso venciendo los obstáculos de la vida. ¡Jugar en un parque o brincar en la cama no me darán el dinero para comprar lo que me gusta, ni la experiencia necesaria para luchar contra la vida!"

Si piensas como las frases anteriores tal vez tienes toda la razón. Yo no estoy diciendo que te comportes como una niña, sino que DISFRUTES LO QUE HACES COMO SI LO FUERAS; es decir: totalmente.

> No importa qué hagas, lo importante es si
> lo haces PLENAMENTE o no.

Si hacer dinero es lo que deseas... ¡hazlo totalmente! Vive el momento en su totalidad cuando estés en tu trabajo. No divagues entre lo que pasó ayer durante la junta con tu jefe y lo que puede pasar mañana que le entregues el reporte mensual. Lo que sucedió ayer no puede cambiarse, y lo que pasará mañana ¡todavía no existe! Enfócate mejor en estar presente en lo que haces hoy, y te aseguro que disfrutarás aún más tu trabajo y lograrás mejores resultados.

Ése es el secreto de toda la gente exitosa en los negocios. Por supuesto que aprenden de sus experiencias, toman en cuenta los logros pasados de su competencia, y también planifican el futuro, pero a la hora de ejecutar su estrategia lo hacen con el corazón, amando lo que hacen y viviendo plenamente el momento.

Steve Jobs, el fundador de Apple, es un claro ejemplo de esto. Para Jobs, hacer dinero no era lo fundamental, sino el proceso de creación de sus productos:

> Ser el hombre más rico en el cementerio no es lo que cuenta para mí... irme a dormir cada noche sabiendo que he hecho algo maravilloso, eso es lo que me importa.

Hacer algo maravilloso

¿Qué te gustaría hacer que fuese calificado como "maravilloso"? Quizá ni tú ni yo podamos desarrollar algo que desbanque a los productos de Apple, pero ciertamente todas poseemos el potencial de crear muchas otras maravillas.

Muchas de nosotras hemos creado una o más vidas a través de la maternidad. Otras han dedicado años de su vida contribuyendo a la enseñanza de muchos niños y jóvenes. Y todas tenemos la posibilidad de tocar otras vidas diariamente con una simple sonrisa, un gesto amable y un acto de bondad.

Todo esto es indudablemente maravilloso.

Hace unos meses decidí hacer algo que nunca había hecho. Se me ocurrió una mañana que iba a correr. Me topé con un hombre muy serio al cual había visto casi diario durante seis meses. Estoy segura de que corre maratones, ya que, aunque no es muy joven, se le nota a flor de piel esa aura de las personas que perseveran sin detenerse hasta alcanzar metas que

parecen imposibles. Lo observe de lejos y noté por primera vez que su aspecto en realidad no era de seriedad, sino que estaba inmerso en lo que hacía. Estaba siendo total en su entrenamiento.

Cuando me acerqué busqué sus ojos y le sonreí. Al principio lo noté un poco sorprendido, supongo que porque lo saque del "trance" de lo que estaba haciendo. Pero en menos de un segundo sonrió. Y fue la sonrisa más maravillosa que he visto en mucho tiempo. La sonrisa de alguien que comparte su dicha y amor por lo que está haciendo en el presente, con alguien que decide participar por un instante de esa dicha.

Un sentimiento hermosísimo se quedó conmigo mientras corrí esa mañana, y a mi regreso decidí aplicarlo de nuevo. Decidí regalar una sonrisa a todas las personas con quienes me topara en mi camino. A muchas les tuve que buscar la mirada como al maratonista, algunas me evitaron, otras iban muy concentradas y ni cuenta se dieron, pero la gran mayoría respondieron con otra sonrisa.

Noté que muchas mujeres desviaban la mirada al sonreír como si les diera vergüenza que alguien las viera disfrutando el momento, pero la mayoría de las personas con las que compartí esos instantes fueron plenas y auténticas en su manera de sonreír. Voltearon su rostro hacia mí, hicieron contacto visual y esbozaron una sonrisa sincera a una perfecta desconocida.

No sé si ese momento tuvo un efecto especial en ellos como lo tuvo en mí, porque terminé mi mañana de ejercicio sintiéndome muy dichosa, como si esas sonrisas hubieran recargado mi tanque interno de felicidad.

Meditando me di cuenta de que no fueron sólo sus sonrisas las que me hicieron sentir así sino el hecho de que sonreí tantas veces en un lapso tan corto, así que mi decisión de sonreir generó ese sentimiento. Cada vez que sonreía para ellos, también sonreía para mí.

Y eso es algo maravilloso.

Desde ese día intento sonreír más. Confieso que no lo hago todo el día ni todos los días, pero estoy trabajando en el hecho de que sonreír conscientemente se convierta en parte de quien SOY. He decidido SER sonrisa.

¡Te invito a probarlo tú también... imagínate si todas hiciéramos sonreír a por lo menos tres personas cada día!

Sonreír no cuesta nada. No toma mucho tiempo. No te va a restar seriedad ni credibilidad. Ni siquiera necesitas una razón para hacerlo.

De hecho, no necesitas una razón para ser quien deseas ser. Lo que necesitas para SER no es razón sino co-razón.

Co-razón

Según el diccionario, el prefijo "co" significa unión y colaboración, es decir, que se trabaja en forma conjunta con otro ser.

Tu corazón es el centro de tus sentimientos y tu razón el de tus pensamientos. Juntos crean las acciones que definen tu personalidad.

Lo que haces es reflejo de lo que ERES.

En tu corazón nace un sentimiento de inmensa ternura al ver a un niño recién nacido en los brazos de una mujer que a ti no te cae muy bien. Si tu mente decide que ésa es una "mala mujer", probablemente ignorarás lo que sintió tu corazón y te alejarás de ella. Pero si tu mente te dice que ese bebé no tiene nada que ver con la personalidad de su mamá, y que las acciones de ella no son tu problema, entonces seguramente te acercarás a expresar tu ternura hacia esa criatura con una caricia, una palabra tierna o con un beso cariñoso.

Cuando existe armonía entre lo que sientes y lo que piensas, cuando logras que mente y corazón trabajen juntos sin dejarte llevar por tus pensamientos, tienes la posibilidad de SER una mujer plena y feliz en cada instante de tu vida.

SOY FUERTE

Tu fortaleza te permite crear tu propia vida,
además te permite dejar de sentirte víctima del destino.

Ser una mujer fuerte no se mide por qué tan resistente eres para recibir los golpes que te dan en la vida o qué tan duro los regresas. Nuestra fortaleza como mujeres de 40 y más viene de conocer nuestra verdad.

Porque no hay nada más personal, más único y más tuyo que tu verdad. Y eso es algo que muchas mujeres, lamentablemente, no descubrimos sino hasta después de que cumplimos 40 años.

Por si no lo sabes, tu verdad es tu esencia, simplemente eso.

Tu verdad es esa serie de principios y sentimientos que definen quién ERES, qué haces en este mundo, qué deseas ser y hacer con tu vida.

Tu verdad se encuentra dentro de ti y la reconoces en momentos de retrospección. Nunca la encontrarás en tu mundo exterior, sino en tu mundo interior. No está en tus pensamientos sino en la forma en que eliges vivir tus sentimientos.

Tu verdad es esa fuerza que llevas dentro, y la cual quizá nunca has tenido el gusto de conocer, por miedo a descubrir que no eres la mujer débil y frágil que te han hecho creer que eres.

Tu verdad es esa pasión que te motiva, que te inspira, que refleja toda la belleza que llevas dentro. Es el motor que te mueve a ser una mejor versión de ti misma cada día. Es el reflejo de tu energía vital.

Tu verdad es todo aquello que compartes con los demás sin miedo a que se termine, ya que proviene de un centro de sabiduría que es infinito.

Tu verdad es lo que te lleva a crear tu vida, a responsabilizarte de tus actos, a no tener miedo a SER todo lo que deseas, sin sentirte víctima de los demás.

Tu verdad no es eso que haces, es eso que ERES.

Tu verdad es la respuesta a la pregunta: "¿Quién eres?" Que es muy diferente a: ¿Qué eres? o ¿Qué haces?

La respuesta a: ¿Qué eres?, es una etiqueta mental que nos hemos dado con base en la experiencia de otras personas. "Soy una divorciada mexicana", no es más que una etiqueta que nos ha dado la sociedad, y que no existiría si en este planeta no existieran los países y los estados civiles.

Yo hago estrategias de comunicación para diversas empresas. Soy comunicóloga. Pero eso es lo que hago, no quién yo soy. Yo SOY la creadora de 40 y más. Esa es mi pasión: crear herramientas que ayudan a mujeres de más de 40 años a empoderarse, eso es lo que me motiva en la vida, sin importar lo que digan o piensen los demás.

Como resultado de mi dedicación a lo que me apasiona, durante los últimos años he encontrado mi propia verdad y he sido fiel a ella. He aprendido a escuchar a mi corazón, a escribir y compartir lo que éste me dicta. Sé que lo que estoy creando ayuda a otras mujeres a vivir un cambio en sus vidas. Sé que eso puede ser controversial y que mucha gente no está de acuerdo con lo que hago y, sinceramente, no me importa.

¿Por qué no me importa? Porque estoy SIENDO, no haciendo.

Desafortunadamente, muchas mujeres antes de identificar nuestra verdad pasamos los días viviendo la verdad de los demás. Lo hacemos por miedo. Por miedo al rechazo, por miedo al "¿qué dirán?", por miedo a ser libres y por miedo a tomar las riendas de nuestra vida. Porque es mucho más cómodo y fácil creer en la verdad de los demás que en la propia.

Cuando seguimos la verdad de nuestros padres, o nuestros maestros, o nuestra pareja, o nuestros hijos, o nuestro jefe, o nuestros gobernantes, o los medios de comunicación, huimos de la responsabilidad que implica crear nuestra vida y nuestras posibilidades con base en lo que nosotras mismas sentimos y lo que somos.

Tus padres siempre te dijeron que no eres sociable. Ahora que tienes más de 40 años de edad no tienes muchas amigas porque te creíste eso de que "no eres sociable" y por lo tanto nunca en tu vida te esforzaste en crear amistades con otras personas. ¿Vives TU verdad o la de tus padres?

Tu jefe dice que no te mereces una promoción porque no tienes aptitudes de líder. Por lo tanto, llevas ocho años en el mismo puesto, haciendo todos los días algo que no te gusta, mientras la mayor parte de tus compañeros han ascendido. ¿Vives TU verdad o la de tu jefe?

Los anuncios de la televisión y las revistas insisten en que las mujeres bellas son rubias, altas y delgadas. Tú te sientes fea porque tienes el cabello negro, eres bajita y tienes un cuerpo curveado. ¿Vives TU verdad o la de los medios de comunicación?

Cuando identificas tu verdad y la vives, te fortaleces de tal manera que no importa lo que te digan los demás. Sabes que estás en el camino correcto y sólo necesitas estar preparada para adaptarte y aceptar los cambios que se presentarán en tu trayecto.

Porque cambios siempre habrán, ¡y muchos!

Tu verdad te da la fortaleza para rechazar el rechazo.

A todas las mujeres de más de 40 nos ha pasado algo igual o parecido a esto: "No nos dan el trabajo solicitado porque no cumplimos los «requisitos necesarios»", o "a nuestro jefe no le gusta una de nuestras ideas porque no es igual a la suya", o "un hombre nos rechaza de su vida porque «no somos la mujer de sus sueños»".

¿Qué haces en estos casos? ¿Dejas que el rechazo te afecte o no?

Cuando permitimos que el rechazo nos afecte, le damos demasiada importancia a la opinión de los demás sobre quienes SOMOS. Es cuando elegimos ser víctimas del destino, en lugar de creadoras de nuestra vida.

Cuando creemos en nosotras, en nuestra verdad, en lo que sabemos que somos y en nuestra fortaleza, el rechazo se vuelve una experiencia más de la vida, en lugar de la experiencia MÁS importante de nuestra existencia.

Tu fortaleza como mujer de 40 y más impide que te sientas víctima de la persona que te rechaza.

Cuando conoces tu verdad no hace falta que otros te digan que eres única y que no hay nadie como tú, pues lo sabes bien. Sabes que nunca serás la copia de otra persona aunque otros así lo deseen e insistan en que lo seas.

Tu fortaleza te ayuda a reconocer tu valor. Si tienes un diamante o una piedra preciosa muy costosa, y alguien se acerca e insiste en que es falso, seguramente defenderías a capa y espada su autenticidad y valor. Tú eres valiosa y lo sabes, así que nunca permitas que te hagan sentir como un diamante falso.

Ser fuerte es ser respetuosa de ti misma. Si le das demasiada importancia a la opinión de los demás, minimizas tu poder, ya que si realmente crees en lo valiosa que tú eres y en tu verdad, no necesitas que alguien más te lo confirme. Ser una mujer fuerte significa que tienes absoluta confianza en ti misma. Sabes bien que tus conocimientos, y deseos, son tuyos e indestructibles, así que no tienes por qué perder la fe en ti y en tus posibilidades.

Un día Picasso se encontraba haciendo el recorrido de una escuela con una persona que deseaba comprender por qué las instituciones educativas del país les fallan a sus alumnos. Entonces Picasso entró al salón de clases de unos niños de 6 años de edad y les preguntó: "¿Quién de ustedes es pintor?", y todos los niños alzaron la mano. "¿Quién de ustedes es bailarín?" "¿Cantante?" "¿Cuenta cuentos?", y después de cada pregunta todos los niños alzaron la mano.

Picasso fue entonces a otro salón e hizo las mismas preguntas. Pero en esta ocasión se trataba de muchachos de 17 años y muy pocos alzaron la mano.

"Ahí está el problema" dijo Picasso. "Las escuelas no entrenan a los niños para ser pintores, bailarines, cantantes o cuenta cuentos."

¿Te identificas con la historia? ¿Si pudieras regresar a cuando eras una niña de cinco años y preguntarte qué quieres ser de grande, cual sería tu respuesta?

"De grande voy a ser artista, o bailarina, o doctora, o astronauta, o...."

Ahora cambia la pregunta y en vez de: ¿Qué quieres ser de grande?, cuestiónate: ¿Qué ERES ahora?

¿Eres una niña feliz? ¿Eres una niña inteligente? ¿Eres una niña bonita?

Te aseguro que la respuesta a todas estas preguntas sería un SÍ categórico. No te detendrías a pensarlo dos veces. Si no me crees, te invito a intentarlo con cualquier niña de cinco años.

Desafortunadamente, a muchas mujeres nos han hecho creer que no podemos SER todo eso que por naturaleza sabíamos que YA ERAMOS cuando niñas o jóvenes, o peor aún, todo eso que deseamos SER el día de hoy.

¡Pero por supuesto que podemos serlo!

La decisión de ser quien deseas SER no es de los demás, sino tuya.

Nadie te ha forzado a punta de pistola a vivir la vida que vives y tú puedes cambiar todo lo que no te gusta por eso que te apasiona, simplemente si tienes FE en TI MISMA, en tu verdad y en lo que eres capaz de hacer.

Cuando estaba a punto de cumplir 40 me sentía verdaderamente frustrada. Cuando me divorcié a los 33 años, había puesto una meta: a los 38 a más tardar tenía que estar casada de nuevo pues, según yo, nadie jamás se iba a volver a fijar en mí una vez que me convirtiera en una "cuarentona."

Era verdaderamente infeliz.

Había decidido que mi felicidad dependía de tener un hombre en mi vida. Había decidido que después de los 40 ya estaría muy vieja para "volver a hacer mi vida" y rehacer mi vida no significaba SER feliz con lo que SOY y como SOY, sino que dependía de volver a casarme.

En pocas palabras: decidí que recibir una validación externa de la sociedad como mujer "casada" y no "divorciada" era crucial para alcanzar mi felicidad.

¿Y cómo decidí desahogar mi enojo y frustración por el hecho de convertirme en una "cuarentona divorciada", y encima de todo sentirme "arrugada y fea"? Haciendo lo que mejor podía hacer en ese momento: ¡quejándome!

Siempre he amado escribir y en ese entonces tenía un blog o bitácora personal en internet en donde me enfoqué, durante unos meses, en escribir sobre mi frustración alrededor del tema de cumplir 40. Mi tono siempre fue sarcástico y hasta divertido, pero era un claro reflejo de lo enojada que estaba con la vida por lo que según yo "me pasaba."

Un buen día me puse a reflexionar y comprendí que toda esa energía que estaba usando en quejarme de algo que era inevitable, la podría canalizar en algo útil. Es obvio que no era ni la primera ni la última mujer que llegaba a los 40, y pensé que debían existir ventajas al llegar a esta edad. Decidí dedicarme a averiguarlas. Para mi sorpresa encontré muy poca información al respecto. Parecía que no había mucho que decir sobre el tema.

En ese momento me encontraba de verdad enojada e infeliz con la vida; lo bueno es que lo creativa nunca se me ha quitado. Así que me dije: "Blanca, si no existe, ¡créalo!"

Y así fue como inicié una página en internet en inglés que es la antecesora de 40ymás.com, que ganó un concurso a los tres meses de su lanzamiento. Unos meses después nació 40ymas.com, un espacio que rápidamente se convirtió en mi pasión y mi motor en la vida. Es lo que representa lo que SOY.

Lo que representa mi verdad.

Cuando conoces tu verdad entonces eres la que ejerce una influencia en los demás y no al revés.

> Tu fortaleza te convierte en la luz
> para la oscuridad de los demás.

La misma situación que te puede hacer sentir frustrada o triste la puedes ver desde otra perspectiva y convertirla en algo tan agradable que puede terminar convirtiéndose en tu pasión en la vida, definiendo así tu verdad.

"¿Y cómo encuentro mi pasión en la vida?", te estarás preguntando después de leer mi historia.

La realidad es que no es difícil descubrir cuál es nuestra pasión y propósito en esta vida. Nuestra pasión, aquello que nos da gozo y felicidad y que nos motiva a llevar una vida plena, es algo que muy adentro de nosotras ya sabemos. Todo lo que necesitamos hacer es descubrirla y disfrutar creándola cada día.

Y cuando digo "descubrir" me refiero precisamente a esto: debemos eliminar esas "capas" con las que hemos "cubierto"

nuestra pasión. Una vez que removemos las capas de miedo e incertidumbre, nuestra pasión es evidente.

Vuelve a ser una chica curiosa

Cuando pasamos de los 40 años generalmente ya nos hemos creado una rutina diaria bien definida, al igual que un círculo de relaciones establecido y, en cierto sentido, una forma bastante limitada y hasta aburrida de ver las cosas. Lo que necesitas, es recordar esa curiosidad que sentías cuando eras más joven y ejercitarla. No te abstengas de hacer preguntas, retorna mentalmente a tu niñez y obsérvate disfrutando la vida con pasión.

Muchas mujeres descubren que su pasión se encuentra en algo que amaban durante su infancia o adolescencia y que habían "cubierto" con temores.

Atrévete a cruzar fronteras

Para identificar tu pasión es probable que debas salir de tu zona de confort y aventurarte a cruzar algunas fronteras físicas e ideológicas.

Es posible que necesites hacer algo fuera de tu núcleo social, zona geográfica, o hasta de tu generación.

¡Siempre ten en mente que una parte importante del aspecto creativo requiere que vivas nuevas experiencias!

Pierdes algo, ganas mucho

Descubrir tu pasión puede ser un proceso algo complejo. Cuando cambias de carrera o decides comenzar algo nuevo en tu vida, puedes llegar a perder tu estatus, título y afiliaciones asociadas a lo que hacías anteriormente.

Olvídate de todo eso y ¡concéntrate en el sentimiento de libertad y en el hecho de que estás siendo TÚ, y haciendo lo que realmente deseas!

Adapta tus relaciones

Tu familia y amigos tienen una idea de quién eres, qué te gusta hacer y cuál es "tu papel." Si lo cambias, tus relaciones también lo harán.

La mayoría de las mujeres que descubren su pasión se han dado cuenta de cómo sus relaciones, especialmente de pareja, también se han transformado radicalmente.

¡El secreto está en simplemente rediseñar tus relaciones para afirmar esa NUEVA versión de ti misma!

Disfruta dejando huella

Lo más probable es que hasta ahora has estado enfocada en lograr el éxito en el ámbito profesional y en el personal. Pero cuando identifiques esa pasión que abrirá la siguiente etapa de tu camino en la vida, te darás cuenta de que, como muchas mujeres, tu interés estará más enfocado en hacer algo en beneficio de la comunidad y las generaciones por venir.

El resultado de esto es que la mayoría de las mujeres que descubren su pasión y su verdad dejan huella por donde caminan.

Escucha con discernimiento

Conocer tu pasión te da la fortaleza y la sabiduría necesarias para no cerrar los oídos y el corazón a comentarios y consejos de quienes te rodean, y para discernir sobre lo que te sirve y no en tu camino de crecimiento como mujer.

Eres fuerte porque en lugar de esperar a que el camino te lleve a algún lugar, TÚ decides crear tu propio camino.

SOY EXPERIENCIA

La experiencia es un regalo que la vida
te da en cada momento.

Existe una teoría muy interesante que ha sido divulgada por varios autores y afirma que para convertirte en experto en cualquier cosa, necesitas practicar alrededor de 10 000 horas.

Para convertirte en pianista experimentada debes practicar piano durante 10 000 horas. Lo mismo sucede si deseas ser experta hablando un idioma, o una experimentada tenista, o una "maestra" pintora.

Esto quiere decir que si practicas cualquier cosa durante cuatro horas diarias, sin falta y descansando los fines de semana, necesitarás de un poco más de diez años para convertirte en una experta en lo que deseas.

Esto, de alguna manera, prueba porque las mujeres de más de 40 somos unas expertas en nuestro trabajo: la mayoría tenemos más de 15 años trabajando, ¡lo que se traduce en un mínimo de 30 000 horas de experiencia!

Horas de práctica es lo que nos convierte en expertas en todo eso que hacemos pero, ¿aplica también a eso que SOMOS?

¿Para ser una mujer FELIZ necesitas practicar que eres feliz durante 10 000 horas antes de lograrlo?

La buena noticia es que NO. Porque la felicidad, como todas las cualidades de nuestro ser, es una decisión y no una imposición.

- Yo soy pianista.

Para llegar a ser una experta pianista debes imponerte una rutina de instrucción y adiestramiento que te llevará a lograr tu objetivo a través de la práctica. Cada día, poco a poco, irás mejorando tu manera de tocar el piano y de interpretar la música a través de tu instrumento hasta que logres tocar como una verdadera maestra. Todo comienza con tu decisión de convertirte en una experta pianista, pero existe un proceso práctico a seguir para lograrlo. No naciste pianista, te conviertes en una pianista a través de la practica.

- Yo soy feliz.

Para llegar a ser una mujer feliz también debes comenzar por decidirlo. Pero una vez que decides que eres completamente feliz en este momento, tal como éste ha llegado a tu vida, ¡lo eres! No hace falta que lo practiques, ya que en tu esencia eres feliz, naciste feliz, simplemente tienes que reencontrar esa felicidad dentro de ti y reflejarla en tu experiencia exterior.

> La experiencia no es lo que te sucede,
> sino lo que haces con lo que te sucede.
> ALDOUS HUXLEY

¿Sabías que la palabra experiencia viene del latín *experiri*, que significa "comprobar"?

Si alguien te dice que la traición de un ser querido es algo muy doloroso que te lleva a la depresión y tú nunca has vivido esa experiencia, es exactamente como tratar de explicarle el dolor de un cólico menstrual o el dolor de parto a un hombre. Se lo puede imaginar, puede ser compasivo, puede leer todo sobre ello en un libro, pero es algo desconocido para él, ya que no lo ha experimentado.

Un hombre no SABE si la labor de parto es dolorosa, simplemente conoce a una mujer que le ha dicho que así es.

Tú no SABES si la traición duele, simplemente conoces a alguien que ha tenido esa experiencia y que insiste que así es. Entonces, la primera vez que alguien te traiciona, es como si tú inconscientemente prendieras el *switch* del dolor, no porque te duele, sino porque ya te condicionaste a que la traición significa dolor y depresión.

Lo mismo sucede con la mayoría de las experiencias que vivimos desde pequeñas.

De niña te dijo tu mamá que "la curiosidad mató al gato", en pocas palabras, que la indagación no es buena. Tú tenías un instinto innato de curiosidad, de experimentar y de aprender cosas nuevas, pero no te atreviste nunca a compartir tus miles de preguntas con tus padres, maestros y otros adultos que formaban parte de tu vida, por miedo a que te calificaran como entrometida e indiscreta.

Hasta la fecha, sientes culpa cada vez que deseas probar algo nuevo o diferente debido a ese condicionamiento que impusieron otras personas en tu personalidad.

Mea culpa

La culpa es ese mecanismo que nos impide distinguir claramente los límites de dónde empieza y dónde termina nuestra responsabilidad por lo que somos y por nuestras acciones.

"Soy infeliz por culpa de la mujer que me robó a mi marido."

Ahora sí que discúlpame pero eres infeliz porque así lo has decidido. El que tu marido esté con otra mujer en este momento, es una acción que nada tiene que ver contigo. Esa mujer será lo que tú gustes, pero TUS sentimientos no son SU responsabilidad sino TUYA, así que no le eches la culpa a una mujer que quizá ni conozcas, por lo que sucede dentro de TI.

El que tu marido ya no esté contigo es una acción que sí tiene que ver contigo y tú tienes el poder de elegir como sentirte al respecto. Tienes todo el derecho a sentirte triste, ya que la tristeza es la emoción con la cual expresamos nuestro sentimiento al separarnos de algo o alguien que ha tenido un papel importante en nuestra vida. Está perfectamente bien vivir una especie de luto o estar en duelo porque la relación terminó.

Pero una vez superada esa etapa, tienes el poder de elegir qué hacer con la experiencia que acabas de vivir. ¿Sufrir eternamente por algo que ya no existe en tu presente? ¿Cerrarte a la posibilidad de otra relación? ¿Aprender de la experiencia y dar un paso adelante en la vida?

Cuando das un paso adelante en la vida,
la vida da mil pasos hacia ti.

Cada vez que vives una experiencia desde tu corazón, consciente de lo que estás creando en el momento presente, la vida te "recompensa" de mil maneras en forma de oportunidades de crecimiento y dicha.

Pero cuando culpas a los demás por lo que "te sucede" no estás creando nada positivo, sino bloqueando tu capacidad de crecimiento. Estás siendo, básicamente, una mujer insensata que teniendo la oportunidad de vivir una vida plena, decide no hacerlo.

Lo mismo sucede cuando te culpas por lo que le sucede a los demás cuando no te corresponde.

"Tuve que ir al pueblo porque se me murió mi abuelita...."

¿Se te murió? ¿Acaso estabas encargada de su vida? ¿O es que la mataste?

Tu abuelita murió, llegó al fin de su vida, trascendió a otra etapa... dile como quieras, exprésalo como quieras, pero tu abuelita no SE TE murió a ti. Su muerte NO es tu responsabilidad.

"No llegue a trabajar porque se me enfermó mi hija...."

¿Cómo que se te enfermó? ¿Le introdujiste un virus a su cuerpo que le causó la fiebre? ¿O la bañaste con agua helada para que le diera un resfriado?

Tu hija enfermó y su enfermedad no es tu responsabilidad. Cuidarla y ayudarla a que se cure sí es responsabilidad de una madre, pero el hecho de que se haya enfermado NO.

Esa forma de usar el lenguaje, tan típica en los países de América Latina, refleja, sin darnos cuenta, el gran sentimiento de culpa con el que vivimos en cada instante.

Si desde siempre nos han dicho que nacimos pecadoras y que quien vino a salvarnos del pecado sufrió mucho por nuestra culpa, es lógico que nuestra experiencia en este mundo

sea de culpabilidad y la forma de expresarnos de nosotras mismas sea generalmente negativa.

Desafortunadamente no conocemos, o hemos olvidado, el poder que tienen nuestras palabras sobre nuestra identidad. Lo que decimos sobre nosotras mismas es básicamente el filtro a través del cual experimentamos la vida.

¡Así es! Si tu opinión sobre ti misma y tus experiencias es negativa, entonces cada situación con la que te enfrentas tendrá la misma connotación.

Detente a escucharte, reflexiona sobre las palabras que usas para describir lo que haces y lo que ERES. ¿Usas palabras que te empoderan o que te restan poder? Recuerda que las palabras son una de las formas en las que ponemos en acción nuestros sentimientos y pensamientos. Son una de las herramientas que usamos para atraer a nuestra vida todo eso que deseamos.

Una forma de transformar la manera en la que experimentas y aprecias la vida es cambiando las palabras negativas que usas para describir tus experiencias por palabras positivas:

> "Estoy deprimida", puede convertirse en: "Estoy algo decaída."
> "Estoy sola" en: "Estoy abierta a encontrar al amor de mi vida."
> "Estoy cansada" en: "Estoy recargando fuerza."
> "Soy buena" en: "Soy una mujer maravillosa."

Tu forma de hablar sobre ti misma es un hábito arraigado desde hace tiempo, pero puede cambiar con constancia y, sobre todo, con conciencia.

Recuerda que la conciencia no es otra cosa que vivir totalmente cada momento presente, sabiendo que la manera como decidas crearlo, determinará tu experiencia de vida.

Vivir conscientemente es lo que te hace reconocer que el hecho de que tengas un "mal" día o que cometas un error no significa que tu vida entera no vale la pena.

Tropecé de nuevo y con la misma piedra

Es muy natural cometer errores. Si no los cometiéramos nunca llegaríamos a conocernos bien, a descubrir nuestras capacidades y a crecer como mujeres.

> La experiencia es algo maravilloso, nos permite reconocer un error cada vez que lo volvemos a cometer.
>
> FRANKLIN P. JONES

Los errores son parte de la experiencia de vivir, pero es muy triste ver que algunas mujeres insisten en cometer el mismo error una y otra vez, aun cuando éste les causa un gran sufrimiento.

¡Cuántas mujeres pasan años tratando de liberarse de una relación abusiva y cuando al fin lo logran, entran directamente en otra relación en donde su pareja también abusa de ellas!

Cuando has tenido una experiencia, cualquiera que sea, eres poseedora de una sabiduría sobre esa experiencia. Tú la viviste, no te la contaron, así que el hecho de que insistas en vivirla de nuevo se debe a tu codependencia y a que olvidas la esencia de tus experiencias.

La mujer codependiente tiende a olvidarse de sí misma para volcarse totalmente en otro. Generalmente, busca a

hombres que pueda "rescatar" de algún problema severo como la violencia o la adicción, y así crear con su ayuda la necesidad del otro a no dejarla nunca.

En su deseo de hacerse indispensable en la vida de la otra persona, la codependiente le perdona todo, hasta la violencia física y emocional, ya que cree que perdonarlo es una muestra incondicional de amor.

La codependencia es como una adicción a no ser tú misma, y como toda adicción, cuando logras deshacerte de una situación codependiente es muy común que vuelvas a comenzar otra casi de inmediato.

Tu experiencia de codependencia se vuelve tu constante. No sabes vivir de otra manera, no conoces algo diferente, así que no lo puedes detener. No aprendiste absolutamente nada de tu primera relación abusiva, ya que para ti ser víctima de abuso es "normal."

Por eso sigues tropezando con la misma piedra una y otra vez.

Para deshacerse de la codependencia, como de cualquier adicción, lo primero y más importante es reconocer que eres codependiente y que esa condición te hace daño y te impide ser quien deseas ser. Si no reconoces que eso es algo que puedes cambiar, no cambiará nunca.

A partir de ahí es tu decisión si quieres implementar ese cambio en tu vida tu sola o con la ayuda de alguien, como puede ser un terapeuta. Pero la decisión debe ser tuya y de nadie más. Tus amigas y familia pueden imponerte la ayuda, pero si tú no estás consciente del cambio que deseas y de que hay otras formas de relacionarte con hombres que no incluyen la codependencia, entonces ninguna terapia funcionará.

Necesitas recordar que no eres codependiente por naturaleza, y que el abuso no es algo útil para existir.

El olvido es precisamente la causa por la cual la mujer entra regularmente en la experiencia de una relación abusiva.

No estoy hablando del olvido como si éste fuera amnesia que nos hace que no nos acordemos de eventos que ya sucedieron —aunque éste también podría ser el caso. Me refiero al olvido que tendemos a experimentar las mujeres sobre quiénes somos. Porque las mujeres somos buenísimas para olvidarlo.

Ninguna mujer de este mundo nació con el deseo de ser abusada. Observa a una recién nacida si no lo crees. ¿Tú ves en ella algún rasgo que diga "por favor abusen de mí"? Muy al contrario, notarás una criatura que es pacífica, pura y sencilla. Una hoja en blanco lista para ser escrita. Un pentagrama sin notas listo para comenzar la creación de una bella melodía.

Esa pequeña criatura está totalmente expuesta a lo que sus padres, maestros y la sociedad escriban en su hoja o pentagrama durante los primeros años de su vida. Y estas palabras o notas serán las que formen la estructura del resto de su experiencia en este mundo.

Si esas primeras palabras fueron de abuso, ¿cómo esperas que sea el resto de la experiencia de vida de esa niña mientras se transforma en mujer? Esa niña nació sin abuso, pero esas vivencias impuestas por los demás en su vida han hecho que se le olvide que el abuso no es parte de ella, que no lo necesita para existir.

Como mujer adulta, es necesario hacer una especie de regresión continua a nuestra infancia para recordar cómo llegamos a este mundo y así aprender a distinguir cuáles son las experiencias que nos llevan a un verdadero crecimiento y las que no.

Esas vivencias que no te hacen crecer como mujer no necesitan ser parte de tu vida. No te conviertas en una experta sufridora con diez mil horas de práctica siendo abusada, golpeada, herida y maltratada física o verbalmente.

La vida no fue hecha para sufrir.

La vida te regala la oportunidad en cada instante de hacer de cada experiencia, sea dolorosa o dichosa, un trampolín para brincar más arriba.

¡No te estanques en lo que crees que eres en este momento! Decide lo que realmente quieres ser: feliz, amorosa, compasiva, generosa, sincera, honesta, creativa, dichosa, plena… ¡y convierte tu vida en la experiencia de lo que realmente deseas hoy mismo!

Porque eres la experiencia que tú decides SER.

SOY LIBRE

La verdadera libertad consiste en ser y dejar ser.

Esposa. Madre. Hija. Hermana. Empleada. Jefa. Colega. Ciudadana. Amiga…

Cuentas por pagar. Compromisos que atender. Personas que cuidar…

¿Cómo podemos sentirnos libres si estamos atada a una infinidad de personas que nos necesitan, y a situaciones en las que somos absolutamente indispensables?

O por lo menos eso es lo que creemos como mujeres de 40 y más.

Creemos que estamos atadas a nuestra pareja por un compromiso que hicimos ante la sociedad; creemos que estamos atadas a nuestros hijos ya que eso es lo que hacen todas las buenas madres; creemos que estamos atadas a nuestros padres porque eso es lo que hacen todas las buenas hijas… y así vivimos nuestra vida, deseando ser libres pero creyendo que nunca lo seremos.

Lo que se nos ha olvidado es que por naturaleza todas SO-MOS LIBRES, nacimos libres pero hemos elegido olvidarlo. Porque es mucho más cómodo, ser "la mamá de..." o "la esposa de..." o "la trabajadora de..." o "la hija de..." que SER nosotras mismas.

¿Has pensado alguna vez quién ERES tú si dejas de posicionarte como una persona en relación con otra?

Permíteme decirte que ERES y puedes SER todo lo que deseas ser. Tú tienes el poder de decidir cómo definirte basada en tu verdad, tus sueños y tus anhelos, igual que tienes el poder de seguir siendo una mujer encadenada a la realidad de los demás, si así lo deseas.

> No le cortes las alas a tus sueños porque
> estos son los que le dan libertad a tu alma.
>
> FLAVIA WEEDN

Ser libre no significa dejar de dar la importancia y cuidado que merecen tus relaciones, no significa olvidarte de tus obligaciones y compromisos hacia las personas que amas, y tampoco significa que debes volverte un ser egoísta.

Ser libre es amarte a ti misma y a los demás, incondicionalmente. Es dejarte SER, dejarlos SER e, idealmente, que también te dejen SER.

Como en todo, hay que comenzar por nosotras. Por permitirte vivir en libertad; es decir, ser tú misma y no una copia de alguien más o el resultado de lo que otra persona quiere que seas. Pero si no sabes ni quién eres y si no has identificado qué deseas ser, entonces, ¿cómo podrás vivir en libertad?

Créelo o no, lo que deseas SER es más sencillo de definir que lo que ERES.

> Lo que todas deseamos ser es una mejor versión
> de nosotras mismas.

¡Ojo! Con esto no estoy diciendo que el día de hoy somos "malas" y que tenemos que convertirnos en "buenas", o que hemos estado viviendo una vida equivocada y que hay que corregirla. De hecho quiero aclarar que en mi diccionario no existen las palabras "bueno" y "malo." Lo bueno y lo malo, y lo correcto e incorrecto no existen, ya que son conceptos basados en percepciones personales y relativas.

Imagínate que estás sentada frente a otra persona como si fueran la imagen en el espejo la una de la otra. Ahora imagínate que alguien dice: "Volteen a su derecha." ¿Qué sucede? ¡Exacto! Tu derecha es la izquierda de la otra persona. Ni tu ni ella están "mal", simplemente están viviendo la misma experiencia desde un punto de vista diferente.

Y lo que es diferente no es ni mejor ni peor. Todo es cuestión de perspectiva.

El color rojo y el azul son diferentes. Eso no significa que un color sea mejor o peor que el otro.

En casi todo el mundo conducimos por la derecha y el volante de los autos está en el lado izquierdo del tablero. En el Reino Unido, Chipre y Japón, entre otros países, se conduce por la izquierda y el volante está en el lado derecho del automóvil. Eso no significa que manejan incorrectamente y nosotros correctamente, o viceversa.

De la misma manera, los hombres y las mujeres somos diferentes, y eso no quiere decir que ellos sean mejores o peores que nosotras. Simple y sencillamente no somos iguales. Estamos viviendo esta experiencia llamada vida desde un espacio distinto.

Si reconoces todo esto, te será más fácil vivir sin expectativas sobre lo que tú y los demás "deben" o "no deben" hacer. También te ayudará a que las expectativas de los demás no te afecten, y así podrás vivir tu vida en libertad, sin sentir que has decepcionado a alguien.

Recuerda que cuando alguien te dice que lo has decepcionado no es más que otra forma de decir: "No estás haciendo lo que yo quiero que hagas", o: "No haces lo que creo que debes hacer." Esto deja bien claro que la decepción NO te pertenece. Le pertenece a la otra persona que tiene sus propias expectativas sobre ti. Expectativas que NO son tuyas sino de él o ella, y que nadie le obligó a tener. Por lo tanto, es su responsabilidad y no la tuya lo que esa persona elige sentir respecto a tus actos.

Recuerda también que nadie te puede decir lo que "debes" hacer con tu vida. Ni siquiera tú misma sabes lo que debes hacer con tu vida, ya que ésta es producto de tu creación de un instante al siguiente. Somos creadoras de nuestra vida cada minuto y no existe un instructivo o un manual en el mundo que indique paso a paso como "ensamblar" la vida, simplemente porque cada vida es única y diferente.

Si no fuese así, todos seríamos idénticos, viviríamos una vida automatizada, robotizada y sumamente aburrida. Afortunadamente, somos seres dotados de algo maravilloso que se llama libre albedrío, lo cual significa que gozamos del poder de decidir cómo nos relacionamos con cada situación que se nos presenta y eso es lo que nos distingue los unos de los otros.

Alguien que te ama y que te desea lo mejor te puede decir lo que "puedes" hacer con tu vida, como una posibilidad o sugerencia que te ayude a llegar a SER eso que deseas.

Escuchar que puedes, o decirte a ti misma que puedes, te da el poder para lograrlo. Escuchar que debes hacer algo, o decirte a ti misma que debes hacerlo, restringe tu libertad y capacidad de crear la vida que deseas.

Dale a un niño una hoja de papel, unos lápices de colores y dile que PUEDE dibujar el árbol más bonito del mundo. Al decirle lo que puede hacer, le permites expresarse libremente, dándole el espacio para expandir al máximo su potencial, pues le haces saber que su árbol puede ser el más bonito del mundo. ¡Él visualiza el árbol más bonito del mundo y PUEDE dibujarlo!

Ahora dale al mismo niño la misma hoja de papel, los mismos lápices de colores y dile que DEBE dibujar el árbol más bonito del mundo. Inmediatamente, estás limitando a ese niño y condicionándolo a tus propias expectativas. Estás poniendo presión sobre su creatividad y su ingenio. No está dibujando el árbol más bonito del mundo porque sabe que lo puede hacer, sino porque no quiere decepcionar a la persona que le dijo que así "debe" ser.

¿Ves la diferencia? El PODER expande y fortalece nuestra libertad y el DEBER la contrae y debilita.

Tú PUEDES hacer lo que quieras con tu vida,
pero no DEBES hacer nada en lo absoluto...

¿Y quién SOY?

Ya identificamos juntas lo que todas deseamos SER: una mejor versión de nosotras mismas... pero volvamos a la pregunta original: ¿Quién ERES hoy, ahora?

Lo que desafortunadamente nos sucede a muchas mujeres de 40 y más cuando contestamos esta pregunta, es que en lugar de decir qué somos, nos limitamos a decir lo que CREEMOS que somos o qué nos gustaría ser, ya que durante muchos años hemos permitido que sean otras personas las que contesten esta pregunta por nosotras.

Al hacerlo, ponemos una barrera que nos impide expresar libremente lo que realmente somos. Es como si nos metiéramos dentro de una caja que se hace cada vez más pequeña. Sobre todo cuando permitimos que los demás tengan algo que ver con ello.

Tarde o temprano, lo que siempre sucede es que nos damos cuenta de que la versión de nosotras mismas dentro de esa caja no tiene nada que ver con lo que sabemos que somos; es decir, lo que nos dice nuestro corazón.

Un buen día algo sucede que nos motiva a despertar, a mirarnos en nuestro espejo interior y nos damos cuenta de que no tenemos la menor idea de quién es esa persona frente a nosotras.

Empezamos a sentir que nos ahogamos en ese espacio limitado y a renegar de aquellos que tienen el valor de decir lo que son mientras nosotras seguimos encerradas en esa caja que nada tiene que ver con nuestra verdad.

En realidad TODAS sabemos lo que somos. La respuesta está en el interior, pero hay que descubrirla. Es decir, hay que quitar las capas acumuladas a través de los años de miedos, incertidumbres, estereotipos, prejuicios, tabúes y condicionamientos que no nos permiten escuchar a nuestro corazón.

Lo primero que debemos hacer para lograrlo es darnos permiso de desear SER algo. Parece tonto, pero muchas mujeres simplemente no nos permitimos tener un simple deseo o sueño, porque sentimos que "no lo merecemos".

"No merezco ser feliz porque hay tanta gente infeliz en el mundo que sería muy egoísta que yo lo fuera." "No merezco ser exitosa en mi trabajo porque por dedicarle tanto tiempo no he sido una buena madre." "No merezco ser rica porque la avaricia es negativa."

¿Te suena familiar?

Si no merecemos ser felices, ni exitosas, ni ricas, ni amadas, ni bellas, ¿entonces qué merecemos ser?, ¿infelices, miserables, pobres, odiadas y feas?

Si ya quedamos en que somos creadoras de nuestra vida y que podemos hacer todo lo que nos proponemos, entonces quizá esa sea la razón por la cual no vivimos la vida que deseamos: ¡porque hemos decidido consciente o inconscientemente que lo que merecemos es exactamente lo opuesto a lo que deseamos!

Si creo que por alguna razón no merezco ser exitosa, entonces, créeme que nunca lo seré. No existe posibilidad alguna de que lo sea pues todo lo que atraigo a mi vida es miseria.

"Quiero ser exitosa pero merezco ser miserable." ¡Y luego te quejas porque le dieron la gerencia de tu área a otra persona!

Nuestras intenciones son como imanes que están en sintonía con el universo, y el universo es muy generoso. Algunas personas llaman a esto "Ley de la Atracción", otras "Ley del Universo" y otras "Generosidad de Dios." Tú lo puedes llamar como desees, pero lo que sí te puedo asegurar es que cuando quieres algo auténticamente, sin reservas y con el corazón, el universo entero conspira para que llegue a tu vida.

Y esto funciona de la misma manera tanto con deseos positivos como negativos.

La "ley" no distingue si lo que deseas es lo mejor para ti o no, de la misma manera que la ley de la gravedad no distingue si lo que lanzas desde el doceavo piso es una muñeca o una persona. Ambas caerán al suelo, con la diferencia de que la muñeca no sentirá y la persona sí.

Eres libre de desear lo que quieres SER, y como ya escribí, hay que comenzar por estar convencida de que tienes todo el derecho de desear. Si no lo estás, esa "ley" simple y sencillamente no funciona.

Una vez convencida de que tienes el DERECHO de desear lo que quieres SER, hay que desearlo EN GRANDE y sin expectativas. Las expectativas nada tienen que ver con los deseos. Los deseos son los que nos hacen vibrar y sentirnos vivas, las expectativas limitan y, como ya lo comentamos, las expectativas son el camino más corto hacia la decepción.

Puedes SER feliz. Entonces desea SER feliz, visualízate siendo feliz, llama la felicidad a tu vida y ¡lo serás! No vivas con la expectativa de SER feliz ya que te vas a decepcionar en la espera de algo que por esperarlo nunca llegará.

Cada día que pase trabaja en ser una mejor versión de ti misma a través de tu felicidad. Compartiendo esa felicidad, transmitiendo esa felicidad, siendo esa felicidad. Viviendo esa felicidad en libertad. Siendo feliz y dejando a los demás SER lo que deseen.

¿Tu pareja decidió SER generoso? ¡Qué maravilla! ¿Y si elige SER iracundo? Pues quizá no sea maravilloso, pero déjalo ser, pues esa es la experiencia que ha decidido vivir. Siempre y cuando su ira no te afecte y te lastime.

Ésa es precisamente la libertad: SER y dejar SER.

Puedes SER valiente. Puedes SER compasiva. Puedes SER todo lo que deseas, si crees en ti misma.

Mientras que tus deseos sean originados en tu corazón –y no sean deseos basados en el ego–, tienes el poder necesario para hacerlos realidad. El ego es esa parte de nosotras que se enfoca en nuestra experiencia exterior en lugar de enfocarse en nuestra experiencia interior.

Nuestra experiencia exterior es básicamente la del mundo material, la del mundo mental, la que está regida por nuestro cerebro. La que nos comunica pero no nos conecta.

Nuestra experiencia interior es la del mundo espiritual, la del mundo emocional, la que está regida por el alma y el corazón, y nos lleva a crecer como personas y a conectarnos con nuestro entorno.

Para distinguir si tus deseos están siguiendo los mandatos de tu corazón, en lugar de las aspiraciones de tu ego, hazte estas tres preguntas simples:

¿Es mi deseo lo más positivo que puedo elegir?

¿Mi deseo está libre de temores?

¿Mi deseo es lo mejor que nos puede suceder a todas las personas involucradas?

Si tu respuesta es SÍ a las tres preguntas: ¡Felicidades, te encuentras en el camino correcto para convertir tus deseos en realidad!

Si respondes NO a una o más preguntas, medita sobre lo que tu corazón, y no tu ego, realmente desea. Identifica qué resuena dentro de ti, qué deseas SER, qué hay de tu anhelo de vivir en libertad.

SOY FELIZ

La felicidad no es un premio.
Es nuestro derecho y obligación.

La felicidad no es eso que sientes solamente cuando te "portas bien" o cuando haces lo que los demás te han dicho que debes hacer. No es algo que llega a tu vida como una recompensa cuando has cumplido los requisitos impuestos por ti misma, por tu familia y la sociedad, que definen que has sido buena madre, esposa, amiga y ciudadana.

Las mujeres de 40 y más sabemos que a lo que venimos a este mundo no es a cumplir con una eterna lista de exigencias ineludibles para llegar a alcanzar la felicidad. Venimos a este mundo a ser felices, y si lo somos, todos nuestros pensamientos y acciones fluyen desde ese estado de felicidad.

La felicidad es un estado del SER y no del HACER.

No necesitas HACER cosas para SER feliz, sino que eres feliz y, por lo tanto, haces cosas que reflejan tu felicidad:

No trabajas para ser feliz. Eres feliz y por lo tanto disfrutas de tu trabajo.

No te casas con alguien para ser feliz. Eres feliz y por lo tanto disfrutas compartir tu amor y tu vida con tu pareja.

No bajas de peso para ser feliz. Eres feliz y por lo tanto disfrutas del proceso de hacer ejercicio y alimentarte bien para tener un cuerpo más sano y atractivo.

La felicidad no es lo que haces para que los demás crean que eres feliz, y tampoco es todo eso a lo que le das tanta importancia como para desear que permanezca siempre en tu vida.

La felicidad es un estado mental. La felicidad es una decisión.

Si decides ser feliz aun sin las cosas o personas que piensas que necesitas para ser feliz, lo serás.

Tu experiencia de felicidad es el resultado de tu decisión de serlo, y no de lo que haces o no haces para serlo.

Ser feliz es tu derecho así como tu obligación.

Tú tienes el derecho a elegir cómo deseas vivir tu vida, y la felicidad es una opción que siempre podrás elegir. Nadie puede obligarte a no ser feliz. Habrán personas que insistan con su actitud en crear circunstancias que te alteren, pero tú tienes el poder de retirar a esas personas y situaciones de tu vida, ya sea física o emocionalmente, para que no afecten tu felicidad.

Llevas muchos años casada y tienes un matrimonio estable y amoroso. Tu cuñada vivía en otra ciudad, pero se acaba de divorciar y regresó a vivir con sus padres. Como vivía lejos, nunca habías tenido una relación real con ella y ahora que está cerca ha comenzado a crear conflictos entre tú y tu pareja, al grado de inventar historias sobre infidelidad. Tu marido no le cree, es su hermana y afortunadamente conoce su inestabilidad emocional y mental, pero te sientes sumamente infeliz.

¡Decidiste sentirte sumamente infeliz debido a la actitud de otra persona, cuando tienes todo el derecho a ser feliz!

Amas a tu marido, él te ama. Confías en tu marido y él confía en ti. Si tu cuñada decide hacerte sentir infeliz y se lo permites, la responsable de tu infelicidad eres tú y no ella.

Ella pasa por tu vida para que te des cuenta de que tu felicidad, adicionalmente a ser tu derecho, es también tu obligación.

¿Por qué tu obligación? Porque viniste a este mundo con absolutamente todo lo que necesitas para ser feliz y no existe razón alguna para que no lo seas.

Si haces todo lo posible para que tu hijo vaya a una buena escuela, le pagas todos sus útiles escolares, libros, uniformes y transporte, lo menos que esperas de él es que aprenda. Tú le das todo lo necesario para que tenga una buena educación y es su obligación pasar cada año escolar. No existe razón alguna para que no lo haga.

A tu hijo le has dado todo para que sea un buen estudiante. Es su obligación serlo. Si no lo es, es porque no quiere.

La vida te ha dado todo para que seas feliz. Es tu obligación serlo. Si no lo eres, es porque no quieres.

Si no me crees, te invito a observar a un bebé que es amado. ¿Cómo duerme? Con los brazos y piernas sueltas, la cabecita sin tensión alguna y una expresión de felicidad en su rostro. ¿Cómo ríe? Sin inhibición y con ternura. ¿Cómo mira el mundo? Con atención y curiosidad. Un bebé se muestra infeliz sólo cuando tiene hambre, sueño o está sucio, y eso porque todavía no puede satisfacer esas necesidades básicas por su cuenta y no puede expresarse con palabras para pedir ayuda.

Hace más de 40 años tú y yo llegamos a este mundo como bebés: completamente felices y con todo lo necesario para seguir siéndolo siempre.

Porque la felicidad es nuestro estado natural.

La existencia nos dio el regalo de la vida y una fuente eterna de felicidad en nuestro interior, y en lugar de aprovecharla nos hemos olvidado de lo que somos y nos hemos dedicado a buscar la felicidad en el exterior, en lo que no somos, y en las personas con las que coincidimos en este mundo.

Tu vida siempre va a coincidir con la de personas especiales. Especiales porque están ahí justo en el momento que debe SER. Ni un minuto antes, ni un minuto después. Coinciden contigo no porque sea una casualidad, sino una causalidad de la vida.

Porque tú tienes algo que aportar en su vida y él o ella tiene algo que contribuir en la tuya.

Pero esas personas no son tu felicidad. Tu felicidad depende de ti y de cómo deseas enfrentar cada experiencia que compartes con ellos.

Tu felicidad depende de la forma que deseas darle a cada vivencia en la que te relacionas en este mágico mundo:

Porque tienes el poder de decidir si quieres basar cada relación en amor o en temor.

Porque tienes el poder de decidir si fomentar una relación o terminarla.

Porque tienes el poder de decidir si el coincidir con alguien precisamente hoy es un regalo de la vida o una maldición.

> Con frecuencia, algunos buscan la felicidad como se buscan los lentes cuando los tienen sobre la nariz.
>
> GUSTAVO DORZ

La felicidad está ahí, frente a nuestros ojos, pero lamentablemente algunas mujeres creemos erróneamente que necesitamos permiso de los demás para ser felices, o que para ser "merecedoras" de la felicidad necesitamos cumplir con ciertos requisitos que hemos inventado en nuestra mente o que la sociedad nos ha inculcado como: "Para ser feliz necesitas tener una pareja", o: "Para ser feliz debes tener hijos", o peor aún: "Para ser feliz tienes que tener un trabajo exitoso y mucho dinero."

Tener una pareja, hijos o un trabajo exitoso son experiencias maravillosas que te sirven para vivir tu felicidad, pero no son indispensables para que seas una mujer feliz.

Para ser una mujer feliz lo más importante, antes de un marido, una docena de hijos o un trabajo exitoso, es el aprender a enfocarnos más en disfrutar el hoy y el ahora.

La felicidad no puede ser vivida cuando nuestra mente está pensando en algo distinto de lo que estamos sintiendo y experimentando en este momento.

Para ser feliz es necesario vivir en su totalidad cada uno de los sentimientos que tenemos en el momento presente.

"¿Y si en el momento presente me siento muy mal y con ganas de llorar o de gritar?"

Cuando algo nos hace sentir mal, lo cual es perfectamente válido y normal, sólo necesitamos reconocerlo y aceptarlo, ya que la verdadera felicidad se encuentra del otro lado de esa dificultad.

Es importante ser consciente de que no es posible "saltarse" las dificultades para encontrar la felicidad, lo que necesitamos es aprender a movernos a través de ellas.

Esto significa que si sientes algún tipo de dolor en este momento, como soledad, desesperación, agobio o tristeza, el primer paso hacia tu felicidad es reconocer lo que sientes y vivirlo hasta que el sentimiento desaparezca por completo. Una vez que hayas terminado de sentir, habrá espacio en tu corazón para dar cabida al sentimiento de felicidad.

No hagas lo que la mayoría de las mujeres generalmente hacemos cuando sentimos algún tipo de dolor, que es el crear distracciones para evadir lo que estamos sintiendo. Lo hacemos porque no nos permitimos sentir.

Encendemos el televisor o usamos las redes sociales cuando nos sentimos solas; si estamos abrumadas abrimos la alacena o el refrigerador y comemos todo lo que hay a nuestro alcance. Lo único que logramos con estas distracciones es que el dolor permanezca, que se quede con nosotras más tiempo del necesario.

El dolor no desaparece cuando te distraes, la única manera de alejar una emoción dolorosa es sentirla completamente. Una vez que has sentido algo hasta que no puedes soportarlo más: una vez que has llorado hasta que no puedes llorar más o has gritado hasta que no puedes gritar más, estarás lista para vivir tu siguiente emoción. Y esa nueva emoción siempre es la felicidad, ya que la felicidad es nuestro estado natural.

La felicidad humana generalmente no se logra con grandes golpes de suerte que pueden ocurrir pocas veces, sino con pequeñas cosas que ocurren todos los días.

BENJAMIN FRANKLIN

La felicidad no se mide de acuerdo con el número de tesoros que has acumulado o en proporción a los grandes cambios o sucesos de tu vida.

Ganar la lotería no es algo que te haría feliz, lo que te haría sentir felicidad es el sentimiento de alivio que da el tener más dinero del que necesitas. La boda de tu hija no es lo que te da la felicidad, la felicidad se encuentra en el sentimiento que nace en tu corazón al saber que tu hija tendrá la oportunidad de compartir su amor con alguien y lo que ese evento dichoso significa para ti.

Ese mismo nivel de felicidad se encuentra a tu alcance todos los días cuando te tomas el tiempo de apreciar con tranquilidad cada bendición que tienes en tu vida. En esos momentos de tranquilidad, cuando vives a plenitud el presente, es en donde la verdadera felicidad se expande dentro de ti.

Porque la felicidad ya está dentro de ti, todo es cuestión de encontrarla y hacerla parte de tu experiencia exterior.

Cuenta una leyenda que hace millones de años, cuando recién se había creado el universo, se reunieron todos los dioses para contemplar su obra. Extasiados por tanta belleza y perfección, decidieron crear al hombre y a la mujer para que él y ella los envidiaran y admiraran su poder.

Al crear a los seres humanos tan a su imagen y semejanza, los dioses los dotaron de fuerza, valor, felicidad, inteligencia y sabiduría. Pero estos dones los llevaron a temer que se fundieran entre ellos y que en un momento dado los destituyeran y ocuparan su lugar. Por esta razón decidieron esconder una de las virtudes con las que habían sido creados, y así decidieron ocultar la llave de la felicidad.

El dilema que surgió con esta decisión fue que no sabían en dónde debían guardar la felicidad para que el ser humano no la encontrara jamás.

Los dioses reflexionaron mucho sobre ello; cuando uno sugirió esconder la felicidad en el pico de la montaña más alta, otro le rebatió diciendo que al haberlo dotado de fuerza y valor, el ser humano podría escalar esa montaña y encontrarla.

Cuando otro comentó que tenían que esconder la felicidad en lo más profundo de los océanos, uno más respondió que al ser humano lo habían dotado de una gran inteligencia, y podría inventar una máquina que se sumergiera en los mares para hallarla.

Cabía la posibilidad de esconderla en otra galaxia, pero llegaría el día en que el hombre exploraría el universo y descubriría los lugares más lejanos del planeta Tierra.

En estas reflexiones andaban cuando uno de los dioses, que había permanecido todo el tiempo en silencio, dijo: "Escondamos la felicidad dentro de sí mismos. Los seres humanos siempre están tan ocupados buscándola en el mundo material que nunca se darán cuenta de que dentro de ellos está la llave de la felicidad."

Todos estuvieron de acuerdo, y desde entonces ha sido así, los seres humanos se pasan la vida buscando la felicidad sin saber que la llevan en su interior.

Encontrar la llave de la felicidad es en realidad muy sencillo.

Simplemente encuentra algo hermoso en tu vida cada día y tómate el tiempo de disfrutarlo plenamente. ¿Te gusta la sensación del sol en tu cara? ¿Te gusta el color de ojos de tu pareja? ¿Te gusta cómo se te ven los zapatos que acabas de comprar?

Siéntelo. Disfrútalo. Vívelo.

No permitas que nadie te diga qué debes sentir, cómo debes disfrutar y de qué manera vivir.

Es el primer paso en tu camino para ser feliz todos los días de tu vida… siendo feliz un momento a la vez.

SOY ACEPTACIÓN

Aceptación es amarte tal como eres,
sabiendo que tal como eres, ERES PERFECTA.

"¿Perfecta YO? ¡Claro que no! Decir que soy perfecta implica que no tengo nada que mejorar en mi persona y por supuesto que soy una mujer con muchos errores y defectos en los que necesito trabajar."

Las anteriores fueron más o menos las palabras que alguien escribió como respuesta a un comentario que hice en Facebook sobre el hecho de que todas somos perfectas y no debemos aceptar que alguien nos diga lo contrario.

Mi respuesta fue felicitarla porque considero que sentir que tienes algo que mejorar es una prueba de que estás siendo perfecta en ese momento de realización y deseo de superación. Desafortunadamente, ella decidió no aceptar mi felicitación y optó por usar un insulto para calificar mi respuesta. ¡Un insulto perfecto, pero insulto al fin!

En realidad, todas podemos elegir qué deseamos ser o no ser en esta vida. Si lo que te hace feliz es pasar los 70 u 80 años de tu existencia no aceptando al ser que eres, pues es muy tu decisión, pero si tienes la opción de experimentar lo que es vivir una vida de aceptación que te lleve a la felicidad, ¿por qué no intentarlo?

El deseo de superarnos y de cambiar lo que no nos gusta es excelente, mientras estemos conscientes de que lo que deseamos modificar no es nuestra esencia, sino nuestra personalidad, pues son dos cosas totalmente diferentes.

Nuestra personalidad es el reflejo de las reacciones de nuestro ego y nuestra esencia es lo que somos en el nivel más profundo de nuestro ser.

La personalidad es la manera en que manifestamos nuestras emociones después de que éstas han pasado por el "filtro" de la mente, y esa es la razón por la que muchas mujeres están completamente convencidas de que están llenas de defectos y, por lo tanto, no pueden aceptar que son perfectas.

Yo soy muy abrupta, lo acepto. Es una parte de mi personalidad que llevo años trabajando, que deseo transformar porque sé que esa agresividad que de repente se asoma es simplemente otro aspecto de la energía de la tolerancia.

Así es, la agresividad y la tolerancia... el orgullo y la humildad... el odio y el amor, no son cualidades separadas la una de la otra. Las cualidades positivas no están en una canasta y las negativas en la otra, sino que son exactamente el polo opuesto de la misma energía.

Por eso no es necesario deshacerse de las cualidades negativas o de esos defectos que nos hacen sentir "imperfectas", lo que debemos aprender es a transformarlas conscientemente. Hay que aprender a hacerlas cambiar de dirección sin condenarlas, porque aquello que desapruebas es en lo que te conviertes.

¿Te das cuenta? Dentro de tu "imperfección" existe implícita tu perfección. Todo es cuestión de encontrar el catalizador que produzca la transformación de lo que no te sirve de tu personalidad, en lo que sí te sirve para ser totalmente feliz.

¿Y cómo transformar todos esos "defectos" en cualidades positivas?

El primer paso es aceptar que eso que no te gusta de ti no es una imperfección, sino una oportunidad de convertirte en la mujer que deseas ser.

Tu esencia no es de resentimiento, ni de agresión, ni de rabia, ni de celos. Tu esencia, tu "materia prima" digámoslo así, es el amor. Eres un producto del amor de la creación y la existencia. No importa quién creas que es el creador de este universo, no existe religión o doctrina alguna que diga que los seres humanos fuimos hechos con odio o a causa del odio de nuestro creador.

Así es que tu esencia es perfecta. La que no es perfecta es toda la basura mental que has acumulado dentro de ti gracias a lo que te ha enseñado tu entorno y que te impide ver que lo tuyo es vivir en amor.

Acepta primero que eres amor, que por naturaleza sí eres perfecta; entonces estarás lista para trabajar en los cambios que deseas.

Pero prepárate... porque en la mayoría de los casos la verdadera transformación se da solamente en puntos extremos, es decir, cuando se vive el cambio con intensidad. Siendo tibia en tu deseo de transformación no lograrás tu objetivo.

Para que el agua se transforme la debes llevar a sus puntos extremos. El agua se congela al bajar a los 0°C y nunca lo hará antes. El punto en que el agua se evapora son los 100°C y nunca lo hará antes.

De igual manera, para transformar tu orgullo en humildad o tu rabia en compasión, es importante que vivas con intensidad tu transformación.

Cuando te sientas iracunda, agresiva o con odio, no lo reprimas y busca un espacio en donde lo puedas vivir intensamente sin lastimar a nadie. Quizá encerrarte en tu recámara o en el baño de tu oficina te ayude. Observa lo que sientes, lo que dices y deseas expresar o gritar, analiza lo que cruza tu mente, cómo reacciona tu cuerpo, de dónde viene esa sensación, y aprende de ello.

No te juzgues, simplemente obsérvate. No luches contra lo que sientes, enfócate en conocerlo totalmente.

No permitas que el sentimiento te domine, conviértete en la ama de ese sentimiento que te incomoda y que ya no deseas que sea parte de ti.

¡Una vez que eres consciente de lo que sientes, que lo dominas, en ese momento surge automáticamente una transformación!

Es como aprender a tejer. Al principio cuesta mucho trabajo coordinarse y acomodar las agujas, colocar el estambre, hacer las diferentes puntadas, acordarte de que le tienes que jalar un poco por aquí y mucho por allá... Y llega un momento en que lo haces en automático, sin pensarlo y hasta viendo la televisión. No sabes exactamente en qué momento sucedió esa transformación de aprendiz a experta tejedora pero, cuando sucede, toda la incomodidad e incertidumbre del proceso de aprendizaje desaparece.

¿Y cómo sabes cuándo se ha dado esa transformación? ¿Cómo puedes reconocer que has dejado ir esas cualidades que no te sirven para ser la persona plena que deseas ser?

Uno de los "síntomas" de esa transformación es que comienzas a reconocer y a aceptar la perfección de todo y todos los que te rodean.

Aceptas que la naturaleza es perfecta.

Reconoces que desde el aroma de una flor hasta la migración de las aves, existe un ritmo de vida perfecto.

Reconoces que aunque un terremoto o un tsunami no sean perfectos para aquellos que sufren sus consecuencias, son la manera perfecta para que la Tierra, que es un ser vivo como nosotras, acomode su energía.

Aceptas que tus relaciones son perfectas.

Reconoces que el hecho de que existan personas que entran o salen de tu vida es siempre una bendición ya que están ahí en el momento exacto en que deben estar, para ayudarte a aprender más sobre ti misma y a crecer como mujer.

Reconoces y das gracias por las personas difíciles que han estado en tu vida, pues te enseñaron a la persona que NO deseas ser.

Reconoces que el hecho de que disfrutes o sufras una relación es tu decisión, y que eso es perfecto, ya que confirma que tienes el poder en ti misma para elegir cómo quieres llevar tu vida.

Somos felices cuando reconocemos la felicidad en nuestra experiencia exterior como un reflejo de nuestra felicidad interior.

Es por eso que la palabra RECONOCER se escribe de la misma manera en ambos sentidos.

Acepta que los contratiempos existen

¿Te has detenido a observar la actitud de los pájaros ante las adversidades?

Dedican días y días a hacer su nido, recogiendo materiales a veces traídos desde largas distancias.

Y cuando ya está terminado y están prontos para poner los huevos, las inclemencias del tiempo o la obra del ser humano o de algún animal destruye el nido y tira lo que con tanto esfuerzo se logró.

¿Qué hace el pájaro? ¿Se paraliza, abandona la tarea?

De ninguna manera. Vuelve a comenzar, una y otra vez, hasta que en el nido aparecen los primeros huevos.

A veces, muchas veces, antes de que nazcan los pichones, algún animal, un niño, una tormenta, vuelve a destruir el nido, pero esta vez con su precioso contenido.

Duele recomenzar desde cero. Pero aun así, el pájaro jamás enmudece ni retrocede, sigue cantando y construyendo, construyendo y cantando.

Aceptarse a sí misma también implica que hay momentos en que no conseguimos lo que deseamos en el momento que lo deseamos, y eso no es razón para sentirnos unas perfectas fracasadas o para detenernos en el camino.

Los contratiempos son los baches en la carretera de la vida, aunque no nos gusten están ahí y debemos aprender a lidiar con ellos.

Piénsalo así: si la vida fuese siempre fácil, seríamos personas muy mal equipadas para enfrentar las verdaderas desdichas. ¡Al primer problema serio nos convertiríamos en las mejores candidatas para un manicomio!

¿Alguna vez has visto las manos de un campesino? Su piel es arrugada y oscura. En sus manos existen áreas endurecidas debido a su arduo trabajo manejando cuerdas y herramientas pesadas. Estos callos se han formado naturalmente como resultado de su trabajo, de manera que cada vez que tenga que hacer su labor, sus manos no se lastimarán al manejar las cuerdas y las herramientas.

Y bien, las adversidades funcionan de la misma manera que los callos del campesino: las necesitamos para convertirnos en mujeres más fuertes y es esa fortaleza la que nos ayuda a cambiar lo que no sirve de nuestra personalidad y a aceptarnos a nosotras mismas.

Es parte de la maravillosa aventura de vivir.

¡Date crédito!

Aparte de aferrarnos a los contratiempos como si fuesen nuestras "fallas", en lugar de verlos como oportunidades que nos ayudan a crecer como mujeres, otra de las razones por las cuales muchas mujeres de nuestra edad no se aceptan a sí mismas, es porque se rehúsan a darse crédito por lo que son hoy y viven comparándose con lo que fueron en el pasado.

"Cuando era más joven era una verdadera belleza... ahora soy una mujer vieja y nada atractiva." "En mis treinta y tantos era una profesionista admirada... ahora nadie quiere darme trabajo."

¡Qué bueno que fuiste tantas cosas maravillosas en tu pasado! Pero no olvides que lo que eres hoy, ahora mismo, en este instante, no sólo es el resultado de lo que fuiste, sino una versión mejor y más madura de ti misma.

¿Cómo puede alguien aceptar que eres bella HOY o que eres talentosa HOY si tú misma no lo aceptas?

Acepta que hoy no tienes el mismo cuerpo ni la misma cara que tenías hace 20 años. ¡Acepta que hoy no tienes el mismo cuerpo ni la misma cara que tenías AYER! Y eso es maravilloso, ya que es un reflejo de que todo en este mundo cambia constantemente y que es nuestra responsabilidad elegir cómo afrontamos los cambios.

Acepta que si fuiste muy talentosa ayer, no sólo lo sigues siendo hoy, sino que tu talento ha madurado contigo.

Tu belleza y tu talento fueron parte de ti en algún momento, y siguen siendo parte tuya, si aceptas que así es. ¡No esperes a que te lo diga alguien más y haz las paces con lo que eres HOY!

> Si estás deprimida vives en el pasado, si estás preocupada vives en el futuro, si estás en paz vives en el presente.

Así como tu obsesión por lo que alguna vez fuiste no te permite aceptarte a ti misma, igual sucede con tu preocupación por lo que nunca serás en el futuro.

"Nunca seré exitosa... nunca encontraré un hombre que me ame... nunca me darán el trabajo de mis sueños."

Quizá no lo digamos en voz alta, pero estos pensamientos, o los muy parecidos, nos acosan a todas las mujeres en algún momento. Pensamientos que, desafortunadamente, son muy poderosos y que reflejan tu falta de aceptación por lo que eres y por lo que puedes ser.

Cuando decides que nunca lograrás algo, generas la energía que te impedirá hacerlo, aunque tu deseo sea lo contrario. Cuando tu pensamiento no está alineado con tu deseo, el pensamiento siempre gana. ¿Por qué? Porque lo usas como una barrera de tu deseo, antes de que se convierta en acción.

Recuerda que primero deseas, luego piensas y, al final, actúas conforme a ese pensamiento.

Si deseas ser exitosa pero piensas que nunca lo lograrás, tus actos te llevarán a no ser exitosa nunca.

Te suscribes a un sitio muy prestigioso de citas por internet con el deseo auténtico de relacionarte con una persona. Llenas tu perfil y subes tu fotografía. Pasan los días y te contactan muchos hombres pero, después de analizarlos, decides que ninguno es interesante. Ninguno de ellos cumple con la lista interminable de requisitos que has creado en tu mente que describen al "hombre ideal."

"Realmente deseo encontrar al hombre con el cual compartir mi vida... pero nunca lo lograré pues no existen hombres que valgan la pena."

¡Acéptate como la fuerza creadora de todo lo que sucede y deja de suceder en tu vida y date crédito por ello!

También date crédito porque eres única, acéptate como tal sin compararte con otras mujeres.

Es imposible aceptarte a ti misma por lo que eres y por tu potencial creativo si todo lo que haces es colocarte en una escala en donde mides tus capacidades y experiencias en relación con otras personas.

Es muy bueno compararse, pero no con los demás sino con una misma.

Cada una de nosotras tiene su propio camino que, aunque generalmente no nos damos cuenta, vamos labrando conforme avanzamos de acuerdo con lo que deseamos vivir y durante los años que estamos en este mundo.

Todas hemos decidido, consciente o inconscientemente, enfocarnos en vivir ciertas experiencias que nos ayudarán a conocernos mejor a nosotras mismas y a crecer como mujeres.

Si insistes en que tu vida debe ser igual, o lo más parecida posible, a la de otra mujer, lo único que lograrás es matar tu instinto de creatividad e imaginación, lo que conecta a tu ser con lo que realmente deseas ser.

"Pero mi hermana es perfecta y yo deseo ser como ella para que todos me acepten."

¡Sí! Tu hermana es perfecta, porque acepta lo que es y lo que tiene con perfección... y no porque estudió la mejor carrera, se casó con el mejor hombre, tiene los mejores hijos, el mejor cuerpo, la mejor casa y la mejor vida social.

Cuando aceptas que todo eso que eres y aquello que tienes es perfecto en este momento para ser la mujer que deseas, entonces no tienes por qué voltear a ver la vida de los demás y compararla con la tuya o pedirle a otros que te acepten.

Porque tal como eres lo tienes absolutamente todo para ser feliz.

SOY DIGNA

Digna es la mujer que sabe lo que vale y vale lo que sabe.

"Tú vales mucho y mereces respeto...", nos decía Chabelo en los años ochenta, en su programa dominical a las niñas mexicanas que nos despertábamos temprano los domingos.

Pasó nuestra infancia, adolescencia y ahora como mujer de 40 y más te pregunto: ¿Sabes cuánto vales y cuánto respeto te merecen los demás?

Eres una profesionista muy cotizada en tu trabajo. Las empresas de tu ramo se pelean por tenerte entre sus empleados. Te puedes dar el lujo de pedir el sueldo y las prestaciones que desees, ya que sabes que te las pagarán sin problema. Tu valor profesional es indudablemente alto, probablemente ronde en los cientos de miles de pesos anuales.

Pero tu marido, con el pretexto de que trabajas más horas que él y viajas constantemente, tiene una relación extramarital. Lo sabes pues él no hace mucho por ocultarlo, así que no tuviste problema en tener tu propia "aventurilla" con un

compañero de trabajo en algún viaje de negocios. Hace mucho que tu marido y tú no tienen relaciones sexuales, y discuten regularmente. "Por tus hijos" y por evitar el "qué dirán" deciden seguir casados a pesar de que entre ustedes ya no hay respeto, comunicación, y mucho menos verdadero amor.

Mientras que eres reina en tu profesión te has vuelto una esclava sin dignidad en tu matrimonio.

¡Cuántas mujeres de más de 40 creemos que la dignidad es algo que recibimos de nuestro mundo exterior como si fuera una medalla! Que la dignidad es como un manto que nos cubre y nos protege de los ataques externos gracias a nuestra reputación, en lugar de ser una fuerza interior producto del amor por nosotras mismas.

La dignidad no cubre a la mujer, la descubre.

El proceso de amarte y valorarte es de descubrimiento, no de encubrimiento. Es como hallar un tesoro luego de extraer toda la tierra y las piedras que lo separan de la superficie, o como cuando te ves en el espejo y te sorprendes al encontrarte con una mujer verdaderamente bella.

En un jardín de matorrales, entre hierbas y maleza, apareció, como salida de la nada, una rosa blanca. Era blanca como la nieve, sus pétalos parecían de terciopelo y el rocío de la mañana brillaba sobre sus hojas como cristales resplandecientes.

Ella no podía verse, por eso no sabía lo bonita que era.

Así pasó los pocos días que fue flor hasta que empezó a marchitarse sin saber que a su alrededor todos estaban pendientes de ella y de su perfección: su perfume, la suavidad de sus pétalos, su armonía. No se daba cuenta de que todo el que la veía tenía elogios para ella. Hasta las malas hierbas que la envolvían estaban fascinadas con su belleza y vivían hechizadas por su aroma y elegancia.

Un día de mucho sol y calor, una muchacha paseaba por el jardín pensando: "Cuántas cosas bonitas nos regala la madre tierra", cuando de pronto vio a la rosa blanca que empezaba a marchitarse en una parte olvidada del jardín.

"Hace días que no llueve", pensó "si se queda aquí mañana ya estará mustia. La llevaré a casa y la pondré en aquel jarrón tan bonito que me regalaron".

Y así lo hizo. Con todo su amor puso la rosa marchita en agua, en un lindo jarrón de cristal de colores, y lo acercó a la ventana.

"La dejaré aquí", pensó "así le llegará la luz del sol".

Lo que la joven no sabía es que su reflejo en la ventana mostraba a la rosa un retrato de ella misma que jamás había conocido.

"¿Ésta soy yo?", se preguntó la rosa. Poco a poco sus hojas inclinadas hacia el suelo se fueron enderezando y miraban de nuevo hacia el sol y así, lentamente, fue recuperando su estilizada silueta.

Cuando estuvo totalmente restablecida cayó en cuenta, mirándose en el cristal, que era una hermosa flor, y pensó: "¡Vaya! Hasta ahora no me había dado cuenta de quién era, ¿cómo he podido estar tan ciega?" La rosa descubrió que había pasado sus días sin apreciar su belleza. Sin mirarse bien a sí misma para saber quién era en realidad.

Rosa María Roé

Te descubres a ti misma cuando te olvidas de lo que ves o no ves a tu alrededor y te enfocas en mirar lo que hay en tu corazón.

Te descubres a ti misma cuando eliminas todo aquello que te estorba para liberarte. Cuando remueves de tu mente todo eso que te han dicho las demás personas sobre tu propio valor.

"A nadie le importas"; "no sabes nada"; "no vales lo que dices"; "no vales nada", son piedras que cubren nuestro verdadero yo, si lo permitimos.

Cuando llegaste a la adolescencia todas tus amigas comenzaron a tener novio, menos tú. Al principio no te importaba, pero llegó el momento en que te convertiste en el blanco de las burlas de tu hermano y sus amigos: "A nadie le interesas, no tienes nada qué ofrecerle a un hombre y por eso nadie te hace caso."

Esas palabras se clavaron en tu mente y fueron la causa por la cual, inconscientemente, permitiste ser víctima de abuso por parte de todas tus parejas hasta hace no mucho tiempo. Cada golpe y humillación era para ti una señal de que te miraban. Era tu manera de probarte que sí tienes "algo" que ofrecerle a un hombre.

Remover las piedras que otras personas han puesto ahí, con o sin tu consentimiento, es parte del proceso de aprender a amarte, respetarte y determinar tu propio valor.

Porque sólo tú puedes determinar tu valor, nadie más lo puede hacer por ti.

¿Recuerdas la película *Una propuesta indecorosa*? En ella, el personaje de Demi Moore está con su esposo en Las Vegas en medio de una situación financiera muy difícil, entonces un multimillonario (Robert Redford), ofrece al matrimonio un millón de dólares a cambio de pasar una noche con ella.

¡Un millón de dólares es el valor que un total desconocido le dio a una atractiva mujer por una sola noche de placer! ¿Y el valor que se dio la mujer a sí misma al aceptar la propuesta? En mi opinión su propio valor y su autoestima son inexistentes, ya que en pocas palabras se prostituyó y aniquiló su matrimonio a cambio de lo que otra persona decidió que valía.

No tuvo la dignidad para decirse a sí misma y al mundo: "Esto no es lo que soy y por lo tanto no lo hago."

Ya han pasado dos años desde que te divorciaste de un marido que no sólo te era infiel con varias mujeres, sino que para "castigarte por ser una mala esposa" te dejaba de hablar durante semanas.

Te separaste con la ilusión de encontrar rápidamente a alguien con quien compartir ese amor que tu marido despreciaba, pero no has conocido a nadie. Tu círculo social era su círculo social, así que no tienes muchas oportunidades de agregar nuevas personas a tu vida.

Un buen día, vas a una convención de la empresa para la que trabajas y durante el convivio te das cuenta de que el director general te da más atención que a nadie. Sólo habla contigo, sólo baila contigo y parece completamente atraído hacia ti. Es un hombre muy atractivo y poderoso, y eso lo hace irresistible. Tú "caes redondita" ante su encanto y comienzas una relación con él.

Todo sería perfecto si él no fuera casado.

De la noche a la mañana te conviertes en la "otra." A la que llama a escondidas, visita a escondidas y con la que nunca puede salir a ninguna parte por miedo a que alguien los vea. Tu vida gira alrededor de los pocos minutos al día que te regala cuando quiere y puede. Tú visualizas una vida diferente, en la que él se divorcia, deja a su familia y se casa contigo, aunque en tu corazón sabes bien que eso nunca sucederá.

No quieres dejar esa relación porque tienes miedo a quedarte sola. Aunque en realidad nunca has estado más sola que ahora. Sabes que ningún otro hombre se acercará mientras insistas en seguir bajo esa situación que te hace sentir bien diez minutos al día, e infeliz el resto del tiempo.

La mujer digna es la que sabe ponerle un alto a esas relaciones y situaciones que no le ayudan a SER quien es, que la hacen sentirse infeliz y que, precisamente por eso, NO necesita.

> Si algo no te hace feliz, NO lo necesitas.

La mujer digna sabe que cuando le da su amor y aceptación incondicional a alguien, le está dando un regalo maravilloso. Pero si la otra persona decide usar o no ese regalo para crecer en amor, es algo que ella no puede controlar, y lo acepta.

Cuando alguien te da una cachetada tienes dos opciones: poner la otra mejilla o retirarte.

Yo pasé muchos años de mi vida poniendo la otra mejilla, hasta que comprendí que es más fácil, seguro y sano amar a ciertas personas a la distancia. Fue hasta que aprendí a amarme y a respetarme lo suficiente, que entendí que no importa qué tan amorosa y buena sea con alguien, si el otro no tiene la capacidad de recibir ese regalo con consideración y amor, entonces es mejor amar de lejos.

Éste es un mundo maravilloso y hay muchas personas maravillosas en él. Pero también existen quienes ven la vida como una serie de problemas sin fin, y somos nosotras las que tenemos la opción de elegir cuánto del dolor y del drama de su "complicada" vida queremos incluir en la nuestra.

Ser digna es aprender a dejar ir todo lo que sea necesario para abrir espacios en nuestra vida que den cabida a nuevas experiencias y oportunidades de ser y hacer todo lo que deseamos sin obstáculos que lo impidan.

Porque la realidad es que todo lo que nos proponemos hacer con nuestra vida es totalmente posible, el problema es que insistimos en arrastrar cargas emocionales y mentales del pasado que nos impiden abrir la puerta a nuevas opciones en el presente.

Por eso es tan importante dejar ir lo que no nos sirve para llegar a SER realmente felices.

Si observas una agenda o un calendario, una vez que cambias la hoja de un día al siguiente, ya no hay vuelta atrás. Por más que quieras, ya no volverá el día de ayer. Igual pasa con la vida; hay que aprender a dejar atrás a las personas y experiencias que ya no son parte de nuestro presente.

El corazón es como el armario en donde guardas la ropa. Si no sacas cada año lo que ya no te queda, ya no te sirve, ya no te gusta o no utilizas, no tendrás espacio para poner la ropa nueva y linda que te regalan y que te deseas regalar a ti misma.

Un amigo muy querido te estafó en una inversión fraudulenta. Te sientes traicionada. Confiaste en él y te hizo creer que estaban entrando en una sociedad para establecer un negocio, pero lo único que hizo fue robarte todos tus ahorros de una forma descarada. Pones todo tu esfuerzo en resolver el asunto por las buenas primero, y por la vía legal después. Te enteras de que no hay –ni habrá– forma de recuperar el dinero, pero sigues aferrada emocionalmente a la experiencia y en el proceso te vuelves desconfiada, insufrible, malhumorada y hasta deprimida.

Le das más valor a la falta de respeto de ese "amigo" hacia ti, que al respeto que te tienes.

La mujer digna sabe dejar ir esas experiencias dolorosas a las que se siente atada. Si ya pusiste tu energía y tu amor para tratar de resolverlas, entonces es tiempo de dejarlas ir. Déjalas ir de tu corazón y abre el espacio para que entren nuevas experiencias que te hagan sentir feliz.

Tu pareja de muchos años te dice que ya no quiere continuar la relación. Se marcha y te quedas sintiéndote abandonada, sola y preguntándote: "¿Por qué a mí?" Él es feliz continuando su camino, pero tú sigues aferrada al recuerdo de lo que tuvieron alguna vez, insistes en seguir en contacto con él y te niegas la posibilidad de conocer a otra persona. "¡Ay no... yo no valgo nada!"

Mides tu valor utilizando como parámetro las acciones de tu ex pareja.

La mujer digna también sabe dejar ir a esas personas a las que se siente todavía atada. Si esa persona decidió alejarse de tu vida o si las circunstancias la alejaron, entonces es tiempo de dejarla ir. Déjala ir de tu corazón y crea el espacio para que entren nuevas personas que te hagan sentir dichosa.

> Dejar ir a las personas negativas que hay en tu vida no significa que las odias, sino que tú te amas.

Tú decides si las atas mentalmente a un globo para que se vayan volando por los cielos, o a una piedra para que se hundan en el fondo del océano.

Lo importante es DEJARLAS IR.

Ahora bien, dejar ir es un proceso constante que se vive momento a momento. Si no lo convertimos en una forma de vida, si no aceptamos que el hoy es el ayer de mañana, e insistimos en acumular experiencias que nos alteran sin dejarlas ir, lo único que logramos es crearnos una carga emocional negativa.

Una forma cotidiana de deshacernos de esa carga emocional es aprender a decir "no". Algo que a las mujeres, generalmente, nos cuesta mucho trabajo.

Aprende a decir "no"

Tienes una semana ocupadísima. Entre la familia, el trabajo y compromisos sociales tu agenda está totalmente llena. En medio de todo esto, el esposo de tu mejor amiga te llama y te pide que le ayudes a hacer algo relacionado con tu trabajo, sabes bien que no te pagará por ello, y que te llevará más tiempo del que tienes disponible. ¿Qué haces?

Estás a punto de mudarte de casa. Tienes muchos gastos entre la mudanza y la inscripción a una nueva escuela para tus hijos. Tu prima más querida te habla y te dice afligida que debe pagar algo urgentemente pero que no tiene dinero hasta dentro de una semana, así que te pide un préstamo. ¿Qué haces?

Seguramente tu respuesta instantánea a las dos preguntas fue: "Diría que no puedo." Pero, piénsalo bien, ¿es lo que en realidad harías? Estamos hablando de favores a personas que amas, cercanas a ti, de tu círculo más íntimo.

¿Les dirías "no", o harías a un lado tus necesidades por ayudarlos?

La mayoría de las mujeres simplemente no sabemos decir "no". Sentimos que negarnos con alguien que queremos, es

negar nuestro amor. Creemos que decir "no" es lo mismo que traicionar la relación que tenemos con esa persona.

Simple y sencillamente no soportamos ver que una persona querida no tenga lo que desea cuando podríamos dárselo.

El problema es que en el proceso de darlo nos olvidamos de nosotras mismas, quitándole valor a aquello que deseamos ser y hacer.

> Nuestros deseos son susurros de nuestro yo auténtico.
> Aprende a respetarlos y a escucharlos.
> SARAH BAN BREATHNACH

Siempre he dicho que en el DAR está el RECIBIR, pero antes de dar a los demás, ¡debemos comenzar por darnos a nosotras mismas!

La mujer digna da tiempo cuando tiene suficiente para sí misma.

La mujer digna da dinero cuando tiene suficiente para sí misma.

La mujer digna da amor cuando tiene suficiente para sí misma.

La mujer digna pone sus propios límites, sabe decir: "Hasta ahí" y "basta", y reconoce en dónde terminan sus necesidades y comienzan las de los demás.

La mujer digna sabe discernir sobre cuándo y a quién dar y A QUIÉN NO.

La mujer digna sabe que si a alguien le disgusta que no haga algo, o no dé algo, lo que él o ella quieren, el sentimiento de disgusto es de la otra persona, así que, ¡no lo hace suyo!

Por eso, no permitas que nadie te manipule porque decides no dar o no hacer algo, con frases como: "Rompiste tu promesa"; "nunca pensé que hicieras algo así"; "no eres una buena amiga"; "yo lo haría por ti".

La oportunidad que la vida nos da de hacer algo por los demás es maravillosa, pero cuando sea necesario decir "no" hagámoslo con gentileza y firmeza.

Así decide toda mujer digna que respeta sus límites y exige que los otros los respeten también.

SOY ARMONÍA

*La armonía consiste en entender y aceptar nuestro lugar
en la sinfonía de la vida.*

¿Sabías que una orquesta filarmónica cuenta con aproximadamente cien músicos? ¿No te parece una maravilla que tantas personas puedan crear algo tan bello como la música usando instrumentos tan diferentes entre sí?

Ese sentimiento de armonía, de equilibrio entre todas y cada una de las partes de la orquesta, es exactamente igual al que nosotras podemos sentir cada instante de nuestra vida si aceptamos que aunque somos seres muy diferentes a los que nos rodean, no estamos separados unos de los otros, sino que somos parte de un todo.

Un todo infinito y milagroso que, a fin de cuentas, no es más que la suma de todas sus partes.

Como el mar.

Tú y yo somos como el mar.

La superficie del mar siempre está en movimiento, igual que nuestra propia superficie o experiencia exterior. Hay días en que el oleaje es tranquilo, y otros, en que las olas de nuestros pensamientos y vivencias se sienten tan fuertes que pareciera que nos arrasa un tsunami.

Aunque a simple vista parece siempre el mismo, el mar que ves frente a ti cuando vas a la playa es diferente cada día. Igual que la mujer que ves en el espejo cada mañana: tú no eres la misma persona que fuiste ayer y tampoco la misma que serás mañana.

Así como el mar se enriquece con nuevas formas de vida que llegan a él de los diferentes ríos que desembocan en sus aguas, tú misma te conviertes en una mujer más completa cada día, gracias a tus experiencias, tanto externas como internas.

Siempre más rica, nunca más pobre.

Aunque a veces sientas que algunas de tus experiencias son más malas que buenas, el simple hecho de afrontarlas te enriquece como mujer. Hasta la peor experiencia de tu vida te puede fortalecer en lugar de debilitar, aunque creas que no es así.

El fondo del mar siempre es pacífico. Si alguna vez has buceado, te habrás dado cuenta de que aun cuando en la superficie hay olas enormes, en el fondo siempre se siente mucha tranquilidad. Así es exactamente nuestro ser interior cuando aprendemos a conectarnos con nosotras mismas. No importa qué suceda en nuestro exterior, no importa si el mundo es un verdadero caos, la armonía y la paz siempre está con nosotros, en lo más profundo de nuestro ser.

La superficie del mar refleja a la perfección el mundo exterior. El cielo, las nubes, y hasta nosotras mismas nos podemos ver reflejadas en él como si nos viéramos en un espejo. Lo mismo sucede en nuestro mundo exterior: vivimos reflejadas en todo lo que nos rodea.

Si no lo crees, ¡observa conscientemente cómo tu entorno reacciona hacia ti! Si, por ejemplo, sientes que la gente a tu alrededor te trata con mucha seriedad, probablemente es un reflejo de cómo te comportas con los demás. Has creado un mundo serio y eso es precisamente la experiencia exterior que vives.

La superficie del mar también refleja lo que existe en el fondo. Un mar caribeño, por ejemplo, refleja los alegres colores de sus corales en la superficie, pero entre más te adentras en él, más oscuro y profundo es su color.

Si has decidido dentro de tu ser que éste es un mundo cruel, todas tus vivencias serán de crueldad. Sentirás que todos te tratan cruelmente y que no hay forma de cambiar la situación.

Si, al contrario, has logrado una conexión profunda contigo misma y sabes que éste es un mundo de amor y compasión, te será más fácil verte reflejada en situaciones que están en armonía con tu visión de la vida y dejarás de hacerlo con aquellas vivencias que no resuenan en tu interior.

El mar no tiene principio ni fin. Se extiende hasta el horizonte, que es a donde llega tu vista, pero en realidad no termina ahí. Aun si a simple vista parece que termina en donde comienza la tierra, la realidad es que también se encuentra en lugares donde no es tan evidente.

Mira hacia el cielo... ¿ves las nubes? ¿Y qué son esas nubes si no producto de la evaporación del mar que se condensa para volver a caer a la superficie en forma de lluvia? Agua de lluvia que se integra a la tierra que alimenta a plantas, animales y a los seres humanos... y que regresa también al mar.

Como el mar, nuestra esencia tampoco tiene principio ni fin. Nuestro cuerpo comienza en nuestros pies y termina en nuestra cabeza, pero no somos un cuerpo. TENEMOS un cuerpo. Un cuerpo limitado que funciona como un instrumento de nuestra alma para actuar todo eso que pensamos, eso que sentimos y, sobre todo, eso que somos.

Nuestro cuerpo es como una guitarra que hace sonar la música de la vida. Nuestros pensamientos son las notas y los sentimientos el ritmo. Tú puedes ver esa guitarra, su forma, su tamaño y su color, pero no puedes ver físicamente las notas y el ritmo que emanan de ella.

Nuestros pensamientos nacen en la cabeza, y los sentimientos en el corazón. Nuestro cuerpo nos ayuda a proyectarlos como acciones, pero es imposible decir en dónde comienza y termina un pensamiento o un sentimiento. Ambos son como el mar que está en constante movimiento y en continua transformación.

Lo que piensas, dices, haces, sientes y eres... todo causa un efecto en los seres vivos que te rodean, y también en tu entorno físico o material.

Pero sucede que pocas personas están conscientes de esto. La mayoría pasamos por la vida sin detenernos a pensar que en este mundo no existen las casualidades, sino que todo lo que sucede y lo que "nos sucede" son causalidades.

¿Recuerdas lo que te enseñaron en tus clases de física de la secundaria? En física, el término causalidad describe la relación entre causas y efectos. En otras palabras: "Todo pasa por algo."

Todo pasa por algo.

Quizá ésta sea una de las frases más trilladas de la historia, pero también es una de las más ciertas y con un significado más profundo del que generalmente le damos.

¿Cuántas crecimos viviendo sorprendidas de las muchas casualidades que se cruzaban en nuestro camino? Estábamos seguras de que todo lo que nos sucedía o dejaba de suceder era obra del destino.

Si nos topábamos en el cine con el chico que nos gustaba jurábamos que era porque ese día nos habíamos puesto nuestro suéter de la buena suerte. Si no nos invitaban a una fiesta, seguramente era porque estábamos pasando una racha de mala suerte.

En lo personal, desde que soy una mujer de 40 y más, he aprendido que las casualidades no existen, y la buena o mala suerte ¡menos! Sé conscientemente que todo, absolutamente todo, tiene una razón de ser aunque la mayoría de las veces no sea evidente.

¿Cuántas veces has tenido experiencias que en su momento parecieron terribles, dolorosas, desgastantes e injustas; pero cuando tuviste la oportunidad de reflexionar, te diste cuenta de que si no hubieras superado esos obstáculos, nunca habrías alcanzado tu verdadero potencial como mujer?

Llevas 20 años casada con el que fue tu primer novio. Es decir, nunca tuviste otra experiencia amorosa más que con tu marido. Un día antes de tu aniversario de bodas te enteras de que te es infiel con una mujer más joven, lo enfrentas y admite todo.

Te sientes decepcionada y defraudada. ¡Dedicaste tu vida a atenderlo a él y a tus hijos, y así es como te paga! Además, sientes mucho miedo ya que nunca has trabajado por estar al pendiente de tu hogar y no sabes qué hacer. Te preguntas mil veces al día: "¿Por qué, por qué, por qué?"

Después de unos meses de sentirte triste, frustrada y muy desesperada, decides que es momento de dejar de quejarte y de hacer algo por ti por primera vez. Escoges tus mejores recetas de pasteles, esos que le encantaban a tu marido, y te das a la tarea de hornear cada mañana para venderlos a la salida de la escuela de tus hijos. Tu idea se convierte en un éxito y en menos de un año tienes el suficiente capital para abrir tu propia pastelería en la zona más exclusiva de la ciudad.

Si no hubieras enfrentado a tu marido en su momento, seguirías siendo parte de un matrimonio disfuncional y nunca hubieras experimentado ser independiente económicamente y tener tu propio negocio.

Cada evento, cada persona, y cada situación son las piezas que forman parte de un gran rompecabezas que se llama vida. Algunos de estos eventos y personas nos llegan a afectar negativamente en su momento, pero hay una razón por la cual se cruzan en nuestro camino, y pueden pasar años antes de descubrirla.

Aunque a veces no hace falta que pasen años.

¿Te ha sucedido que alguien llega a tu vida y sabes de inmediato que esa persona debe estar precisamente ahí en ese momento? Ya sea para servir algún propósito específico, para darte una lección o para ayudarte a determinar quién ERES o quién deseas llegar a SER.

Generalmente, no sabemos de antemano quién es esa persona, pero cuando miras su alma a través de sus ojos, comprendes que el hecho de estar con ella, o él, afectará tu vida de manera profunda.

Éstos son los ángeles que nos ayudan a encontrar nuestra propia luz y es una verdadera bendición tener la oportunidad de regresarles un poco de lo mucho que de ellos recibimos.

Un joven que pagaba sus estudios trabajando como vendedor ambulante sentía hambre pero no tenía dinero para almorzar. Decidió vencer la vergüenza que le daba mendigar y se armó de valor para pedir algo de comer en la próxima puerta que tocase. No obstante, se sintió muy nervioso cuando una hermosa joven le abrió la puerta. En lugar de pedir comida pidió un vaso de agua.

Ella, sin embargo, se apiadó de él y le trajo un vaso de leche. Él se lo tomó tímidamente y preguntó: "¿Cuánto le debo?" "No me debe nada", respondió ella. "Mi madre nos enseñó a nunca aceptar un pago por hacer un favor." "Entonces le agradezco de corazón", respondió el joven.

El joven, de nombre Howard Kelly, se fue de aquella casa no sólo sintiéndose fortalecido en su cuerpo, sino también en su fe en Dios y en la humanidad. Antes del incidente estaba pensando en darse por vencido y renunciar.

Muchos años más tarde aquella joven, ya mayor, se enfermó gravemente. Los doctores locales estaban muy preocupados. Finalmente, la enviaron al hospital de una gran ciudad donde un famoso especialista investigaba sobre aquella enfermedad.

Cuando el médico se dio cuenta del nombre de su nueva paciente y del pueblo de procedencia, se levantó y fue a verla. La reconoció inmediatamente. Volvió a su oficina resuelto a hacer todo lo posible para salvar su vida. La lucha fue larga pero la señora se salvó.

Por su parte, la señora estaba muy preocupada porque el precio de su estancia en el hospital sería astronómico. Sin que ella supiese, el doctor dio órdenes para que le pasaran a él la cuenta del hospital. Después de examinarla, escribió un mensaje al pie del documento antes de que fuese enviado a la señora.

Ella abrió la cuenta con temor, pensando que pasaría el resto de sus días pagándola. Finalmente, se atrevió a mirar y enorme fue su asombro cuando leyó al pie de la lista de enormes cifras: "Pagado por completo hace muchos años con un vaso de leche." Firmado: Dr. Howard A. Kelly.

¡Todo sucede por una razón!

Nada sucede por casualidad, y menos por buena o mala suerte. Las enfermedades, las decepciones, y todo eso que vemos como "problemas", son realmente las experiencias que le dan sentido a nuestras vidas.

Los éxitos y las caídas son el material
con el cual creamos la vida que deseamos.

De las malas experiencias es de donde tenemos mucho que aprender. Si sientes que alguien te hiere, te traiciona, te decepciona o te rompe el corazón, trabaja en agradecerle y perdonar, porque es precisamente esa persona la que te está ayudando a aprender acerca de la confianza y la importancia de ser cautelosa cuando abres tu corazón.

"¿Perdonar? ¡Pero eso es muy difícil!"

Sí, perdonar puede ser difícil cuando olvidas que obsesionarte o no por ese sentimiento de traición o decepción es tu decisión y de nadie más. Puedes elegir vivir sin aceptar que la causa de tu frustración son tus propios pensamientos y no la acción en sí.

También puedes elegir si deseas guardar rencor eternamente contra los demás por sus acciones, aun cuando la persona que te hace sentir ese odio ya ni se acuerda de lo "que te hizo".

Como alternativa, puedes elegir darte crédito por tener el valor de perdonar. Tú puedes vivir agradecida por esa fuerza de carácter que es consecuencia de las dificultades que has enfrentado en la vida.

Puedes elegir reemplazar tus pensamientos negativos con pensamientos de comprensión y compasión.

Puedes elegir valorar tus experiencias del pasado como contribución a tu crecimiento como mujer.

Puedes dejar ir los dramas, puedes amar sin miedo, y puedes también decidir si deseas tener confianza en la perfección del universo, ya que cada tormenta de la vida deja huellas indelebles en nosotras que, aunque no siempre lo apreciamos en su momento, son maravillosamente perfectas.

Esas tormentas no son más que experiencias duras y tristes como lo es la muerte o la enfermedad de un ser querido, la angustia de ser parte de una familia disfuncional, el dolor causado por el abuso físico o psicológico de nuestra pareja, la decepción de perder una amiga de toda la vida, o la frustración de ser víctimas de un engaño por parte de alguien en quien confiábamos.

Todas y cada una de estas vivencias dejan una huella en nuestra vida y en la de quienes nos rodean. Son experiencias necesarias en el contexto de lo que es nuestra existencia, de lo que somos y en lo que nos estamos convirtiendo. Por eso, aunque no lo queramos aceptar, esas vivencias dolorosas son perfectas y armoniosas.

"¡Pero sí duele!"

Claro que duele. Las tormentas de la vida pueden doler, y mucho. ¿Qué digo yo? ¡Duelen muchísimo!

Pero no olvidemos que esas experiencias difíciles son las que nos ayudan a cambiar, a crecer, a transformarnos, a convertirnos en lo que somos y en lo que deseamos SER. Esa es la forma en que la naturaleza funciona.

La naturaleza, por ejemplo, ha creado a la oruga, un insecto con poderosas mandíbulas que es bastante destructor. La oruga, una vez que ha crecido lo suficiente, teje un capullo en donde lleva a cabo su metamorfosis. Al final de esta transformación milagrosa la oruga se convierte en mariposa, un SER hermoso que tiene que luchar con mucho dolor para deshacerse de ese capullo y comenzar su nueva vida. ¡Así que el dolor de la mariposa vale la pena!

Por eso, cada vez que te enfrentes a una situación difícil piensa en la transformación de la oruga en mariposa, y recuerda que cada desafío tiene una razón de ser y que tú tienes todo lo que necesitas dentro de ti para enfrentarlo, crecer y continuar siendo la mujer bella y maravillosa que eres y que siempre serás.

También recuerda que no estás sola. Eres parte de un universo maravilloso y todas las experiencias que vives tienen una razón de SER. Este universo es como un gran mural donde cada una de nosotras es una pincelada, y todas las pinceladas son necesarias para crear una maravillosa obra de arte.

Cuando alguien te ama, agradécelo y ámalo de vuelta y sin condiciones, no sólo porque te quiere, sino también porque a través de su amor te enseña a amar, a abrirte a las bellezas y a los cambios de la existencia y, sobre todo, a vivir en armonía con quien eres y con quien deseas SER.

SOY TENAZ

*La tenacidad es la fuerza interior que te motiva
a no dejar de SER quien eres.*

Dice el dicho que cuando la mula dice: "No paso" y la mujer dice: "Me caso", es más fácil que la mula pase a que la mujer no se case. Yo agrego que si la mujer en cuestión tiene más de 40, la pobre mula no tendría ni siquiera la oportunidad de manifestar su deseo de no pasar, ya que sería convencida por la mujer de que es lo mejor para ambas.

Nos llaman tercas, testarudas, inflexibles y obstinadas, cuando en realidad somos constantes, firmes, perseverantes y persistentes. Como el acero, oponemos resistencia a deformarnos y rompernos, especialmente cuando hemos identificado en nuestro corazón lo que somos y deseamos ser.

Las mujeres de 40 y más sabemos que nuestra tenacidad es un elemento indispensable en la vida para crear milagros y cambiar nuestro mundo, aun cuando crecimos creyendo lo contrario.

¿Recuerdas cuando eras niña y oías hablar del muro de Berlín? Yo recuerdo muy bien que era algo que muchos jamás imaginamos que llegara a desaparecer, parecía que estaba ahí para quedarse gracias a intereses creados por personas y naciones muy poderosas. Si alguien nos hubiera dicho que un día ese muro sería derribado ladrillo por ladrillo por un pueblo tenaz, cansado de la situación que vivían, jamás lo habríamos creído.

¿Y recuerdas el régimen del apartheid en Sudáfrica? La mayoría de nosotras teníamos bien claro que ese régimen y todo lo que representaba era algo negativo, pero nunca imaginamos que los sudafricanos lograrían ponerle fin sin derramar ni una gota de sangre. Todo lo que necesitaron fue la guía de un líder paciente, perseverante y gentil como Nelson Mandela.

De la misma manera, muchas crecimos pensando que sería imposible derribar la cortina de hierro y dar término a la Guerra Fría. Pero cuando Mikhail Gorbachev aceptó la Perestroika y la Glasnost comprendimos que no sólo era posible, sino que era una realidad.

¿Y todo esto qué demuestra?

¡Que todo puede parecer imposible hasta que NOSOTROS lo hacemos posible usando nuestra tenacidad y el amor!

En el límite de una situación adversa la derrota parece ser inevitable, y el arma más eficaz que tenemos contra el fracaso es el poder de nuestra tenacidad. El poder de sacar fuerza y energía de nuestro interior para actuar con constancia, firmeza y sin lastimar a nadie, para lograr nuestros objetivos.

Hemos sido testigos del poder de esa tenacidad colectiva una y otra vez cuando un país sufre debido a un desastre natural, como sucedió con el terremoto de México en 1985, el tsunami en Indonesia en 2004 y en 2010 con los trágicos terremotos en Haití y Chile.

Miles de personas alrededor del mundo decidieron no darse por vencidas ante los retos impuestos por la naturaleza y unieron fuerzas y voluntades para ayudar a quienes más lo necesitaban.

Si no fuera por esa actitud solidaria y perseverante de médicos, voluntarios y personas como tú y como yo, la ayuda nunca hubiera llegado tan lejos y tan eficientemente como lo hizo.

El poder de la tenacidad no aplica sólo a nivel colectivo, también lo hace a nivel personal.

En lo individual, cada una tiene su propio "muro de Berlín" o "apartheid" o "cortina de hierro" que desea derribar. Puede ser algo tan profundo como el que vivas aferrada a una situación que te lastima o a una persona que abusa de ti, hasta algún hábito o costumbre que sientes que está fuera de control.

Cómo dejar los hábitos destructivos

Hay que reconocer que cuando una pasa de los 40, la mayor parte de nuestra vida se conforma de hábitos y costumbres.

Nos hemos acostumbrado a hacer las cosas de determinada manera por muchos años, y abandonar aquellos hábitos que nos dañan, y reemplazarlos por hábitos más positivos para nosotras es un proceso que puede parecernos muy difícil, porque finalmente esos hábitos son lo que definen parte de nuestra personalidad.

La clave está en saber controlarlos y no permitir que sea al revés; para lograrlo, hace falta ser constante y usar todo el poder de nuestra tenacidad. Si aprendemos a controlar los

hábitos que no nos sirven para llegar a ser quienes deseamos ser, entonces cualquier cambio que logremos en éstos, por pequeño que sea, puede traer como resultado grandes e importantes mejorías en nuestra manera de vivir.

Si buscas cambiar algún aspecto de tu vida como tu dieta, comenzar a hacer ejercicio regularmente, ver menos televisión, optimizar tu rutina en el trabajo o en las labores del hogar, no cometas el error de creer que puedes hacerlo todo al mismo tiempo, enfócate en un cambio a la vez por un periodo determinado.

Usa la regla de los 30 días.

Si te concentras en un cambio durante un mes, tendrás el tiempo necesario para acondicionarte al hábito nuevo; 30 días son más que suficientes para programar tu mente a trabajar en automático y convertir una nueva opción de vida en un hábito positivo que sea parte de tu rutina.

Si lo que deseas es introducir una rutina de ejercicio en tu vida, entonces hazlo metódicamente siguiendo un horario determinado que sea factible. Si eres de las personas que nunca ha movido un dedo y de repente decides que vas a comenzar a nadar tres horas los lunes, hacer yoga una hora los martes, correr cinco kilómetros los miércoles, jugar tenis dos horas los jueves y hacer *kick boxing* una hora los viernes... por más tenaz que seas, lo más probable es que nunca logres tu objetivo.

Intenta algo más sensato como salir a caminar al parque más cercano por 45 minutos, tres veces a la semana, durante un mes. Notarás una gran diferencia en tu cuerpo y en tu salud, y decidirás no dejar ese hábito por nada.

Una vez que hayas conquistado el reto de un cambio, continúa con el siguiente. No intentes hacer muchos cambios al mismo tiempo, ya que por muy firme y perseverante que seas, es fácil que te sientas abrumada.

También recuerda que debes pensar en reemplazar tus necesidades. Tu tenacidad te llevará a romper con lo que no te sirve y a adoptar hábitos que son positivos para ti, pero piensa: ¿Qué sucede si de repente le quitas el motor a un automóvil? ¡Dejará de funcionar! Lo mismo sucede cuando dejas un hábito que tienes muy arraigado y no reemplazas la necesidad que éste cubre de otra manera.

Si deseas, por ejemplo, romper el hábito de comer galletas o golosinas entre comidas, entonces debes encontrar algo que reemplace esa necesidad como comer una fruta o tomar una taza de té verde. Lo mismo aplica cuando deseas dejar de fumar.

Otra cosa que te ayudará a romper con cualquier hábito que deseas desechar de tu vida, es el sentarte a escribir lo que deseas. No hagas compromisos mentales contigo misma, mejor escríbelos en un papel.

Escribir te beneficia de dos maneras. En primer lugar, te ayuda a aclarar y a definir en términos concretos lo que el cambio de hábito significa para ti. En segundo lugar, te mantiene comprometida, ya que es más fácil deshacerse de un pensamiento que de una promesa que ha sido escrita con tu puño y letra.

Y lo más importante de todo es que el deseo de romper con un hábito dañino surja de tu corazón y no de tu mente. Que ese deseo se base en tus sentimientos y no en tus pensamientos.

Porque todos tus pensamientos desean ser los amos de tu personalidad, y así como hoy puede predominar el pensamiento de que eres una mujer decidida y fuerte dispuesta a

lograr su objetivo, mañana puedes despertar pensando que eres una floja indecisa que no logrará cambiar nunca.

Con esto no estoy implicando que seas débil de carácter o indecisa. Tú eres fortaleza y decisión, pero si no encuentras el balance entre tus sentimientos y tus pensamientos entonces tu mente predispuesta y condicionada buscará la forma de dominar.

¡Si sientes el deseo de cambiar algo que no te sirve asegúrate de decírselo a tu mente para que trabaje con tu corazón para lograrlo!

La tenacidad es una de las cualidades femeninas que te ayudan a lograr un balance entre corazón y mente para llegar a ser la mujer que deseas. Para alcanzar tus metas con tesón y empeño, no necesitas actuar como si fueses un hombre, porque NO LO ERES.

La tenacidad no está peleada con la femineidad.

Si no fuera por la tenacidad de Rosa Parks que, en 1955, se rehusó a obedecer al conductor del autobús en el que viajaba cuando éste le ordenó ceder su asiento a un pasajero blanco, el movimiento en contra de la segregación racial en Estados Unidos no habría comenzado.

Si no fuera por la tenacidad de la sordomuda Helen Keller y su tutora Anne Sullivan, quien le enseñó a comunicarse, el mundo estaría privado de la obra e importante contribución a favor de los derechos de la mujer, de esta talentosa y perseverante mujer.

Si no fuera por la tenacidad de mujeres como la norteamericana Esther Hobart Morris, la inglesa Emmeline Goulden Pankhurst, la española Clara Campoamor, la argentina Eva

Perón, la mexicana Elvia Carrillo Puerto y la ecuatoriana Matilde Hidalgo de Procel, las mujeres de estos países no habrían obtenido el derecho al voto en su momento.

Rosa, Helen, Emmeline, Clara, Eva, Elvia, Matilde y millones de mujeres tenaces como ellas han hecho una diferencia por la humanidad y nos han abierto el camino a quienes hemos llegado a este mundo después de ellas. Ninguna se olvidó de que antes de ser activistas y agentes de cambio eran mujeres.

Nuestra tenacidad es una de las cualidades que como mujeres usamos para encontrar nuestro lugar y nuestra voz en este mundo que hasta ahora ha sido primordialmente masculino.

Desafortunadamente, muchas mujeres se han enfocado más en convertirse en hombres, que en fortalecer y enaltecer esas cualidades que son esencialmente femeninas y que nos distinguen de ellos.

No necesitamos convertirnos en hombres para ser personas íntegras y felices, ya que las mujeres no somos hombres. Somos seres completamente diferentes con cualidades distintas. Y eso está perfectamente bien.

La belleza es una cualidad femenina, lo mismo que la intuición, la sinceridad, la creatividad y la honestidad.

Se dice que los hombres son esencialmente lógicos, racionales, científicos y calculadores por naturaleza.

> Los hombres se rigen por las líneas de intelecto, las mujeres por las curvas de la emoción.
>
> JAMES JOYCE

Esto no significa que las mujeres no son lógicas y que los hombres no son sinceros. Todas estas cualidades, tanto femeninas como masculinas, viven dentro de todos nosotros: hombres y mujeres por igual. Lo importante es encontrar el EQUILIBRIO interno entre ellas.

Cuando dejamos a un lado nuestra esencia femenina, eso que somos por naturaleza, en nuestro afán de hacer de este "un mundo en donde todos somos iguales", lo único que propiciamos es extinguir, poco a poco, las cualidades femeninas que ya existen en nuestro corazón, y como resultado estamos creando un mundo todavía más masculino, en donde los hombres actúan como hombres ¡y las mujeres también!

Te encuentras con tu marido en una fiesta y se sientan en la misma mesa con un hombre que no conocen. Tú no sabes por qué pero, como decimos en México, "no te late" o no "te cae bien." Intuyes que está involucrado en algo turbio y te sientes incómoda, sobre todo cuando notas que comienza a hablar de posibles negocios con tu pareja. ¿Qué haces? ¿Se lo dices a tu esposo o te quedas callada? "No vaya a ser que diga que estoy actuando de manera ilógica e irracional", piensas. A fin de cuentas no tienes pruebas de nada, simplemente te basas en una sensación.

Tu intuición es lo que comúnmente llamamos "sexto sentido". Es ese ojo extra con el que contamos las mujeres y que nos ayuda a ver más allá de lo evidente. Es una cualidad muy poderosa cuando no la hacemos a un lado por "no ser comprobable." A fin de cuentas, la intuición no se puede ni ver, ni medir, ni calcular, ni racionalizar. Simplemente se siente.

De hecho, la palabra intuición viene del latín *intueri*, que se traduce como "mirar hacia dentro" o "contemplar".

Siempre han habido mujeres intuitivas que no tienen miedo de ocultar ese don tan femenino que es el de la contemplación. En algún momento se les llamó "brujas" y fueron

quemadas en la hoguera. Es por esto que por cientos de años muchas mujeres han preferido reprimir su intuición a cambio de hacerse un lugar en el mundo masculino.

¿Te imaginas llegar a una junta con clientes y colegas y expresar que el material creativo de la campaña de publicidad que estás presentando nació de algo que intuiste? No del estudio de mercado, ni de la encuesta, ni de un grupo de enfoque, sino de la conexión que sentiste entre el producto, su mensaje y una visión de éxito que percibiste en tu corazón e imaginaste en tu mente.

Los hombres presentes en la junta seguro te considerarían una loca y poco profesional. "¿Cómo te atreves a crear algo con base en tu intuición y sentimientos? Para esto están los números, las estadísticas, las bases de datos, la competencia."

Las mujeres también te criticarían por esa razón y por otra aún peor: "¿Pero, cómo te atreves a exponer lo que en verdad somos después del trabajo que nos ha costado llegar a donde estamos? Usamos nuestra tenacidad para convencer al mundo de que somos iguales a los hombres en todo, y vienes a decirles que no es así, que somos débiles, sentimentales y cursis."

> Las mujeres serán olvidadas
> si se olvidan de pensar en sí mismas.
> LOUISE OTTO

Si todas las mujeres usáramos nuestra tenacidad para fomentar –en lugar de desalentar–, la expresión libre de las cualidades femeninas tanto entre las propias mujeres como entre los hombres, entonces éste sí llegaría a ser un mundo más equitativo y equilibrado.

A esta edad, la mayoría de las mujeres sabemos lo que somos y lo que deseamos ser, o estamos en proceso de descubrirlo después de más de 40 años de búsqueda. ¿Te imaginas el tiempo que nos habríamos ahorrado en encontrarnos si desde pequeñas nos hubieran enseñado no sólo a pensar racionalmente, sino también a expresar nuestros sentimientos e intuición?

¿Y te imaginas cómo sería el mundo corporativo y el mundo de la política, que están dominados primordialmente por hombres, si a ellos también se les hubiera enseñado desde pequeños a usar sus cualidades femeninas?

Me atrevo a decir, sin temor a equivocarme, que la humanidad comienza a encaminarse hacia ese balance entre cualidades femeninas y masculinas. Para que hombres y mujeres se conviertan en seres plenos mediante la expresión de su verdadero ser.

Si lo afirmo con certeza es porque creo firmemente en la tenacidad de mujeres como tú y como yo; creo en nuestra capacidad para lograr que nuestra esencia femenina no sea olvidada ni perdida, sino fortalecida y enaltecida.

Porque nunca olvides que la fuerza para hacer de éste el mundo que deseas reside en tu tenacidad.

SOY PLACER

El placer supremo consiste en buscarlo.

Uno de los mitos más comunes que existen sobre la sexualidad es que los hombres alcanzan su mejor momento sexual alrededor de los 18 y las mujeres alrededor de los 40.

Como no he podido encontrar un estudio serio que avale esto, concluyo que ésta es una leyenda urbana que funciona totalmente a nuestro favor. Obviamente a las mujeres de 40 y más nos encanta escucharla, ya que nos ayuda a salir de la idea de que por el hecho de que nuestros niveles hormonales están cambiando, ya no tenemos la misma libido que antes.

Leyenda o no, la realidad es que el placer sexual tiene que ver más con lo que deseamos experimentar y con lo cómodas que nos sentimos con nuestra sexualidad, que con el número de velitas que tenía el pastel en nuestro último cumpleaños.

Pocas mujeres de 20 años de edad están tan cómodas con su cuerpo como lo estamos nosotras. Quizá su pecho sea más firme que el nuestro y sus caderas más angostas, pero a la hora de sentir placer simplemente no tienen la experiencia que hemos adquirido a través de años de práctica. Y como dicen por ahí: "La práctica hace al maestro."

Si comenzaste a tener una vida sexual activa alrededor de los 20 (me estoy viendo muy conservadora), significa que llevas más de 20 años de tener relaciones sexuales. ¡Más de 20 años de experimentar lo que te gusta y lo que no te gusta en la cama!

¿Sabes cuál es la razón principal por la que las mujeres de más de 40 disminuyen la frecuencia en la que tienen relaciones sexuales? Su pareja.

La mayor parte de las mujeres dejan de tener sexo ya sea por enfermedad o impotencia del hombre, y no porque "no quieran".

Aunque existen quienes "no quieren": no quieren hablar del placer, no quieren sentir placer, no quieren tener nada que ver con el placer sexual.

¿Por qué hay mujeres que no quieren sentir placer? Para empezar, muchas crecimos en una sociedad en la que demostrar placer es considerado "malo" y hasta "pecaminoso." Lo virtuoso, lo que es considerado "bueno" es no tener placeres, o por lo menos, no demostrar que se tiene.

"Deja de sonreírle a todos los hombres o nadie te tomará en serio", te decían tus primas mayores cuando iban juntas a fiestas. "Van a creer que eres una mujer fácil", te aseguraban cuando expresabas una sonrisa de oreja a oreja y un dejo de coquetería, porque te sentías muy sexy con el vestido que usabas esa noche.

"Una mujer fácil."

Esas mismas palabras te acompañaron a la cama como si fueran un mantra durante tus primeras relaciones sexuales. Por un lado, no sabías exactamente qué sucedía en tu cuerpo, y menos comprendías los pensamientos contradictorios que volaban por tu mente cuando tu novio te acariciaba en esas partes "prohibidas".

"¿Lo empujo y le doy una cachetada... aunque se siente rico?" "Va a pensar que soy una fácil y no querrá nada serio conmigo." "¡Ay no, pero qué hace! mmmm... mejor que siga."

En lugar de disfrutar el momento, te pasabas todo el tiempo que duraba la experiencia sexual pensando, y esa costumbre se ha quedado contigo quizá hasta el día de hoy.

Si llevas muchos años con tu pareja lo más probable es que sus encuentros sexuales no sean más que eso: encuentros. Es sábado en la noche y por lo tanto "les toca", así como le toca al auto ir al taller cada 5000 kilómetros o al perro le toca su paseo cada mañana.

Probablemente sea un encuentro en automático, con la televisión prendida y con un ojo en la serie de moda y otro en tu pareja. Sí, es indudable y audible que los dos sienten placer por unos instantes. ¡Es lo menos que podían esperar después de tantos años juntos! Pero... ¿es verdadero placer?

Si para ti el placer es simplemente una sensación positiva que se manifiesta cuando se satisface una necesidad, entonces lo descrito anteriormente cumple perfectamente con tu definición de placer.

Tengo hambre, entonces como para satisfacer mi necesidad.

Tengo sed, entonces bebo para satisfacer mi necesidad.

Tengo libido, entonces hago el amor para satisfacer mi necesidad.

Pero el placer en realidad es algo más profundo. Sentir placer es vivir una experiencia con total satisfacción y sin impedimento alguno.

Es olvidarte de todo lo que te rodea por un momento para SER una con la otra persona, sin barreras, sin limitaciones, sin excusas. Es fundirte en la energía de tu pareja como si los dos fueran uno solo.

Sin limitaciones.

Automatizar el sexo es una limitación. Tener la televisión prendida es otra limitación. No decir lo que te gusta es otra limitación.

"¿Decir lo que me gusta... como en «aquí sí y así no»?"

¡Exactamente! Para sentir placer, para llegar a la total satisfacción, para disfrutar de ese placer al máximo necesitas decir lo que te gusta y lo que no te gusta. También necesitas estar abierta a ESCUCHAR lo que le gusta y lo que no le gusta a tu pareja.

Aclaremos algo: ninguno de los dos sabe leer la mente, ¿verdad? Así que si quieren vivir el placer, sentir el placer y SER placer cuando están juntos necesitan hablar.

Este principio de comunicación aplica de igual manera en la cama que fuera de ella. Si no te "da pena" decirle a tu pareja cómo te gusta tomar tu café, o cómo te gusta que te ayude a preparar el desayuno los domingos, entonces, ¿por qué sentir pena de decirle cómo te gusta que te acaricie en la intimidad?

Si no te da pena pelearte con tu pareja frente a tus hijos y decirle a gritos lo que no te gusta que te diga o haga, entonces, ¿por qué te da pena decirle cómo te gusta que te haga el amor para que sientas más placer?

Vivimos en un mundo donde nos escondemos para hacer el amor, aunque la violencia se practica a plena luz del día.

JOHN LENNON

Las mujeres somos más sensuales que visuales. Los hombres son exactamente lo contrario.

Lo que esto quiere decir es que nosotras nos prendemos sexualmente a través del sentido del tacto que de la vista. Una caricia y un beso hacen más que el notar la excitación de nuestra pareja a través del bulto en su pantalón.

Los hombres son más visuales. Sí, les prenden las caricias y los besos, pero lo suyo es ver tu cuerpo y, sobre todo, verte excitada. ¡Y he ahí el problema para las mujeres que les "da vergüenza" mostrar su cuerpo y demostrar su excitación!

A tu pareja no le importa si tienes unos kilitos de más que se te están notando en las caderas, o que no tienes el estomago plano de hace 20 años. A él lo que le importa, lo que más lo excita, es ver que disfrutas lo que te hace para alcanzar placer. Así que ¡demuéstraselo!

Y si no le importa que tú sientas placer, probablemente no sea el hombre con el que realmente tú quieras estar.

Porque está bien que él quiera sentir placer. Igual está perfectamente bien que tú quieras sentirlo. Pero el mayor placer sexual lo van a sentir siempre juntos siendo totales en su entregar y recibir.

Como todo en esta vida, ser total es la clave para ser dichosa dando y recibiendo placer; también tirar a la basura los condicionamientos que llevas en tu mente; respecto al sexo y la vida en pareja es lo primero que debes hacer para lograr esa totalidad.

"El sexo es malo"

El sexo usado como arma de guerra, como en el caso de las violaciones masivas de adolescentes y niñas durante las guerras en Bosnia o Ruanda, no tiene excusa alguna. Está mal y punto. Pero no es el sexo como acto el que es malo, sino el hecho de que el acto sexual ha sido utilizado contra las mujeres para lastimarlas e intimidarlas, de forma individual y colectiva (su grupo étnico).

El sexo entre dos personas que se respetan y lo hacen con mutuo consentimiento no es malo. Es un increíble intercambio de energía que puede llevar a ambos a conocerse más profundamente, de una manera que nunca lograrán cada uno por su cuenta.

"Hablar de sexo es una perversión"

Perversión es que existan países en donde la industria de sexo infantil se calcule en millones de dólares anuales y que, debido a intereses creados, no se hable de este tema en ningún lado y no se haga nada por detenerlo.

Hablar de sexo con tu pareja no es una perversión, sino una manera de crear un espacio mutuo de entendimiento y comprensión que los lleve a conocerse mejor y a disfrutar más el uno del otro.

"Sentir placer sexual es pecado"

Pecado es abusar de la confianza de alguien, lastimar física o emocionalmente a otra persona, o matar a un ser vivo.

Sentir placer sexual es una forma de conectarte contigo misma y con tu pareja. Es permitirte sentir plenamente, con todos tus sentidos, que tienes un cuerpo y que estás viva. Y sentirte viva y conectada nunca ha sido, ni será, un pecado.

"Sólo puedo disfrutar del placer en pareja"

Para ser feliz, para ser dichosa, para ser placer no hace falta tener una "media naranja", ya que eso implica que para estar completa forzosamente necesitas de alguien más.

Ni tú, ni yo, ni nadie estamos incompletas, ni tenemos la necesidad de una pareja para "completarnos." Todo, absolutamente todo lo que necesitamos para ser felices existe dentro de nosotras: amor, compasión, seguridad, fortaleza, valentía, placer... y para tenerlo simplemente hace falta buscarlo en nuestro interior.

El amor de pareja no es un complemento, sino más bien un suplemento.

No un suplemento en el sentido de que suple algo o lo completa, sino en el sentido de que lo aumenta, lo enriquece y lo fortalece. Algo así como un suplemento alimenticio o el suplemento de una revista.

Cuando vivimos una relación de pareja, lo que tenemos ante nosotras es la oportunidad de compartir nuestro amor y nuestro placer con alguien más. Y lo que se comparte crece y se expande.

Es como si tienes una colección de recetas de cocina que has compilado y las guardas en un cajón. Seguirás disfrutando de las delicias que puedes crear con tu familia y amigos cercanos siempre, pero hasta ahí. Si las compartes con tus amigas, esas recetas crecerán y llegarán a más personas que disfrutarán de tus guisos enaltecidos por la combinación de tu inspiración y su sazón.

ERES una fuente infinita de amor. El amor y el placer viven en ti y cuando los compartes, crecen.

Un suplemento alimenticio fortalece tu alimentación, como el amor de pareja fortalece tu amor por ti misma, si aprendes a amar incondicionalmente.

El suplemento de una revista enriquece el contenido de la edición original, como el amor de pareja enriquece tu capacidad de proyectar tu amor interior hacia el exterior. El amor de pareja es un suplemento de tu amor interior.

Por eso es importante recordar que NO necesitas de una relación de pareja para vivir el placer, pero que si llegas a vivir esa experiencia lo hagas TOTALMENTE y disfrutes el hecho de que tu vida se hace más rica y más fuerte gracias a que tienes la oportunidad de compartir.

"El sexo es sólo para procrear"

Si el sexo hubiera sido puesto al alcance de los seres humanos sólo para reproducirnos, entonces, ¿por qué somos seres sexuales toda nuestra vida y no sólo durante algunos años o algunas etapas (las de fertilidad), como sucede con otros animales?

¿Quizá porque existe algo más allá del puro sistema reproductivo o del instinto de mantener vivo nuestro legado que está relacionado con nuestro deseo sexual?

El creador, o creadora, de este maravilloso universo no ha dejado nada al azar. No ha hecho nada que no tenga una razón de SER. Y tampoco nos ha puesto "tentaciones" para probar que podemos luchar contra ellas.

El sexo no es una tentación a vencer.

No reprimas tus deseos sexuales porque te conviertes en lo que reprimes. Cuando evitas algo con toda tu fuerza, ese algo se vuelve una obsesión. ¿O es que no te ha sucedido alguna vez que te pones a dieta y en lo único que terminas pensando todo el día es en comer?

Si todos viéramos el sexo como lo que es, una experiencia natural maravillosa, esa industria global millonaria basada en el tráfico de mujeres, la prostitución, y la pornografía, perdería el poder que hoy tiene.

Millones de mujeres dejarían de ser víctimas de violencia sexual ya que sus agresores no tendrían la necesidad de desahogar sus frustraciones sexuales con ellas.

Hombres y mujeres podríamos crecer sabiendo toda la verdad sobre el sexo. No lo que enseñan en las clases de educación sexual en la primaria, que es básicamente que los niños y las niñas son diferentes, que las niñas tienen la menstruación y que para no embarazarse hay que usar una cosa llamada condón.

Una verdadera clase de educación sexual podría enseñarnos desde temprana edad que el sexo es una experiencia para disfrutar con responsabilidad.

Así, no tendríamos que esperar a ser mujeres de más de 40 para comenzar a sentir verdadero placer.

Sexo con responsabilidad

La responsabilidad no es otra cosa que la habilidad de responder. Lo que significa que el sexo responsable no sólo consiste en utilizar preservativos, o en decirle algo a tu pareja durante el acto. El sexo con responsabilidad es el que disfrutas respondiendo y no reaccionando. Reaccionas cuando actúas basada en tu pasado y en tu futuro. Respondes cuando lo haces enfocada en el presente.

Nadie disfruta hacer el amor con todas sus parejas pasadas al mismo tiempo. ¡Ni físicamente, ni emocionalmente!

Así que no las lleves a la cama cuando estés con tu pareja actual.

Olvídate de pensar lo que le gustaba a tu ex o de cómo te tocaba tu primer novio cuando estás con tu pareja actual. También olvídate de cómo quieres que te acaricie tu pareja cuando vayan de vacaciones dentro de un mes, ¡mejor dilo de una vez y comiencen a practicar!

Igualmente, deja tus preocupaciones del pasado y tus angustias del futuro a un lado cuando estés disfrutando de un momento romántico con él. Apaga el televisor, ignora los gritos de tus hijos y cierra la puerta con llave.

Vive el momento. Déjate llevar por lo que sientes y no por lo que piensas. Comparte tu placer con él. Exprésate y demuestra tus emociones. Disfruten buscando juntos otras formas de amarse y compartirse.

Porque cuando de placer se trata, no lo olvides: si no buscas no encuentras.

SOY PACIENTE

Paciencia es saber que TODO llega a su justo tiempo.

Todas fuimos alguna vez adolescentes inquietas a quienes les urgía llegar a ser mujeres adultas. Un buen día llegamos a los veintitantos y poco después, casi sin sentirlo, a los treinta y tantos. Durante esos años la impaciencia y la premura de que "pasaran las cosas" fue lo que nos motivaba a vivir deprisa, exigiéndonos cada día más y más a nosotras mismas.

Ya como mujeres de 40 y más nos encontramos con que de cuando en cuando seguimos siendo impacientes y viviendo deprisa, pero a través de la experiencia hemos comenzado a aprender que hay otra forma de vivir. Que la vida no se trata de correr impacientemente hacia "algún lugar", cualquiera que éste sea.

Cuando vivimos impacientes por seguir adelante y enfocadas solamente en lo que deseamos alcanzar en el futuro, nos arriesgamos a que, en el deseo de llegar lo antes posible

a ese lugar que pensamos que es nuestro objetivo, lo único que logremos sea sentir que nos pasamos la vida corriendo.

Corremos cada vez más rápido porque así creemos que nos acercamos más pronto a nuestro objetivo. Vivimos corriendo aunque tropecemos, pues juzgamos que esos tropiezos son los retos que nos hacen levantarnos con más ganas de seguir corriendo. Corremos porque hemos decidido que estar en constante movimiento es mejor que no hacer nada.

Pero la mayoría de las veces por hacer de nuestras vidas una carrera impaciente hacia el futuro nos olvidamos de lo que realmente vale la pena en el PRESENTE.

Nos olvidamos del hoy y del ahora.

Nos olvidamos de quienes están a nuestro alrededor. Dejamos a un lado a nuestra familia, a nuestros amigos y a todas las personas queridas con las que coincidimos en este mundo.

Nos olvidamos de detenernos de vez en cuando por un momento a disfrutar del paisaje. Perdemos la capacidad de sorprendernos con las maravillas que la vida nos regala cada día: un amanecer, un día lluvioso, el sonido del mar...

Nos olvidamos de conectarnos con nosotras mismas. Creemos que sabemos a dónde queremos llegar y por qué. Pero si alguien nos pregunta el para qué, no tenemos respuesta.

Perdemos de vista esas "pequeñeces" que son las que en realidad enriquecen nuestra vida... ¡y todo por vivirla sin paciencia y deprisa!

El secreto para SER realmente feliz es vivir y disfrutar plenamente de cada momento PRESENTE.

La felicidad simplemente no puede ser vivida cuando nuestra mente está pensando en algo ajeno de lo que estamos sintiendo o experimentando en este momento.

Cuando el futuro –en lugar de tu hoy y tu ahora– se convierte en tu máxima prioridad, sólo desgastas tu energía para "ganar" una carrera inexistente.

Las mujeres de 40 y más sabemos que las cosas no llegan sólo porque corremos hacia ellas; sino que todas las experiencias y personas se presentan en nuestra vida y lo hacen en el momento justo en que deben aparecer: ni un minuto antes, ni un minuto después.

Si esperas la llegada de un hombre a tu vida, lo hará cuando sea el momento adecuado. Si estás esperando un nuevo trabajo o una promoción, sucederá exactamente cuando llegue su momento. Lo mismo pasa con cada situación que deseamos para nosotras mismas: mejorar nuestra salud, una nueva casa, mudarnos de país, tener un hijo...

Eso es lo que significa ser paciente.

Lo que NO significa, como muchas personas creen, es sentarse a esperar a que te lleguen las cosas y no hacer absolutamente nada al respecto, ¡no! Al contrario, es necesario mover la energía para que las experiencias lleguen a nosotras. Hay que crear el espacio para recibir a cada situación y persona en nuestra vida. Y muy importante: hay que prepararnos en todos los niveles: mental, corporal y espiritual para estar listas a dar la bienvenida a todo eso que deseamos para nosotras mismas y que llegará a su justo tiempo.

No dejes de actualizarte profesionalmente para estar preparada en cuanto se presente ese nuevo trabajo que tanto deseas. El trabajo de tus sueños llegará si lo llamas a tu vida y si es lo que realmente desea tu corazón; pero de nada te servirá si ese puesto requiere que domines el idioma inglés y tú sólo sabes decir "pollito-chicken, gallina-hen...."

Trabaja en amarte a ti misma para que cuando llegue el momento tengas mucho amor que compartir con ese hombre maravilloso que deseas que entre a tu vida. No se trata de quererte o gustarte tantito, sino de amarte de verdad y aceptarte incondicionalmente. Llegará un momento en que ese amor crecerá tanto que comenzará a fluir y a desparramarse en tu corazón. Se comenzará a notar en tus palabras y acciones, y todo ese amor que reflejas de adentro hacia afuera de tu SER es lo que hace que los demás se sientan atraídos hacia ti... especialmente esa pareja que tanto deseas.

Ese hombre ya existe. Ya está ahí, listo para llegar a tu vida. Para compartirlo todo contigo. Tu amor es el imán que lo atraerá hacia ti en su justo momento. Por eso prepárate emocional y espiritualmente para esa relación de pareja, trabajando en tu amor por ti misma, haciendo algo por ti, amándote y consintiéndote.

Porque sólo a través de ese amor crearás el lugar ideal en tu corazón para que tu otra mitad llegue a tu vida.

Cuida tu cuerpo, aliméntate bien y haz ejercicio. Si deseas con toda tu alma tener un cuerpo diferente y más saludable, lo que necesitas hacer es respetarlo, cuidarlo y prepararlo para que así sea.

Puedes tener un cuerpo más fuerte y sano si eso es lo que quieres. Pero para conseguirlo lo más probable es que necesites cambiar tus hábitos alimenticios e introducir una rutina de ejercicio a tu vida diaria. Si vives una vida sedentaria y tu dieta está basada en comida frita, golosinas y refrescos, en lugar de lograr tu objetivo de salud y bienestar lo único que conseguirás es exactamente lo contrario a lo que realmente deseas.

Cree en ti y en lo que puedes lograr no sólo
con lo que anhelas, sino con lo que ya tienes.

En esta vida es muy importante dar lo mejor de nosotras, hacer nuestro mejor esfuerzo y poner nuestra energía y corazón en esos proyectos que deseamos lograr, en las metas que anhelamos cumplir... pero es aún más importante SABER conscientemente que al final del día debemos ser pacientes, ya que todo va a suceder de acuerdo a un Plan que no es escrito por nosotras mismas.

¿Un Plan no escrito por nosotras mismas?
Llámalo como desees y como resuene en tu corazón: Plan divino, Dios, universo, energía vital, existencia, destino, fe... la realidad es que somos sólo una pequeña parte de una gran sinfonía, de un gran todo y, a fin de cuentas, el creador o creadora de esta maravillosa y milagrosa obra, acomoda las piezas para que su creación no sea deficiente o mediocre, sino magistral.

Si no lo crees, detente un segundo y mira a tu alrededor. ¿Consideras que quien creó el día y la noche, el mar y las estrellas, el milagro de la vida, permitirá que las "cosas salgan mal o a destiempo"?

Somos parte de un todo y ese todo es parte de nosotras. Todo lo que hacemos y dejamos de hacer tiene una influencia en lo que nos rodea. Exactamente como sucede con los músicos en una orquesta.

El violinista debe prepararse arduamente por años para aprender a tocar bien el violín. Durante un concierto lo toca siguiendo sus propias partituras y logra que el violín emane su propio sonido de manera única y sublime, pero en armonía con los otros instrumentos de la orquesta.

El pianista, el flautista y el chelista hacen lo mismo con sus instrumentos, al igual que los demás miembros de la orquesta. Pero, a fin de cuentas, a pesar de su propio esfuerzo personal, todos siguen el ritmo que el director les marca y así es como logran crear una maravilla musical y armónica en conjunto.

La creación de la música de una orquesta es una obra realizada en forma consciente por cada uno de los músicos y del director; como bien lo podría ser la creación de nuestras vidas si estuviéramos conscientes de lo que estamos creando y de qué forma.

El problema es que no lo sabemos, o no lo deseamos saber.

No sabemos o no deseamos saber que para crear la vida que tanto deseamos, debemos prepararnos igual que el músico se prepara tocando su instrumento. Y para aprender algo hay que comenzar por conocerlo.

¿Y es que acaso conocemos bien el instrumento con el que estamos creando la música de nuestra propia vida?

El instrumento eres tú misma. Y tú misma eres el conjunto de tus pensamientos, tus sentimientos y tus acciones. Tú eres mente, corazón y cuerpo.

Conoces tu cuerpo, quizá no tan bien como lo conocen los médicos en términos anatómicos, pero sabes perfectamente en dónde comienza y termina.

Pero, ¿cuál es tu verdadera relación con tu cuerpo? ¿Lo alimentas sanamente, lo ejercitas, lo respetas, lo cuidas...?

Conoces tu mente, o por lo menos sabes que ahí es en donde se almacenan tus conocimientos y que ésta radica en algún lugar de tu cerebro.

Pero, ¿sabes cuál es el verdadero poder de tu mente? ¿La dejas descansar o "apagarse" de vez en cuando... sabes cómo hacerlo y por qué es necesario?

Sabes que tienes un corazón físico. Pero, ¿sabes en dónde está y para qué sirve tu "otro" corazón?

La mayoría de las mujeres nos hemos dedicado a tocar la música de nuestra vida sólo con nuestro cuerpo y nuestra mente. Un cuerpo que a veces descuidamos y una mente a la cual le damos demasiada importancia. Simplemente porque no tenemos idea de cómo usar esa tercera parte de nuestro ser: el corazón. Porque nadie nos ha enseñado nunca.

Nos hemos dedicado a pensar y a actuar sin sentir.

Alimentamos nuestros conocimientos y actuamos basados en nuestros pensamientos, sin usar nuestros sentimientos.

Es como si le faltara una cuerda a nuestro violín o varias teclas a nuestro piano.

Por lo tanto, nuestro instrumento está desafinado y, en lugar de hacer algo al respecto, vamos por la vida culpando a quien se ponga enfrente porque según nosotras nos dieron "la partitura equivocada".

Según nosotras estamos tocando el violín con la partitura del piano o de la flauta, y por eso la música "no sale bien." Según nosotras no estamos viviendo la vida que deseamos por culpa de alguien más.

Y no estamos solas: la mayoría de los miembros de la orquesta piensan lo mismo; se quejan porque su música no suena como debería de sonar, y ellos no tienen la culpa de que así sea.

La realidad es que la mayor parte de las personas se sienten infelices con sus condiciones de vida y están convencidas de que no pueden, o es muy difícil, hacer algo al respecto, según ellas, todo es culpa de sus padres, o de sus hijos, o de su pareja, o de su jefe, o del gobierno...

Sinceramente, es mucho más cómodo culpar al destino, a la "mala suerte" o a los demás de lo que nos sucede, que tomar responsabilidad de nuestra propia vida.

Porque igual que el director de la orquesta, el creador o la creadora de este mágico universo es quien marca el ritmo de la vida, pero nosotras somos quienes hacemos de ésta lo que deseamos.

Somos creadoras de nuestra propia vida, pues cada una decide cómo tomar cada experiencia que se presenta. Todo basado en cómo usar nuestro corazón para SENTIR, no en cómo decidimos usar nuestra mente para pensar o nuestro cuerpo para actuar.

Muchas tendemos a olvidar que eso que "nos pasa" no es realmente un problema, a menos que nosotras elijamos que así lo sea; ya que los eventos no tienen realmente un significado, el significado nosotras se lo otorgamos.

Tu mente siempre le dará un significado a las cosas basado en experiencias pasadas. Ése es su trabajo.

Tu corazón no tiene un archivo como el de la mente. Tú puedes decidir si tu corazón se siente afectado positivamente o negativamente por cada evento externo que se presenta. Esto es quizá un concepto nuevo para ti, pero así es: tienes el poder de decidir cómo sentirte en cada instante de tu vida, y esto es un proceso que sucede en tu interior, no en tu exterior.

Si tu mejor amiga no te llama el día de tu cumpleaños, eso no significa que lo haya hecho para lastimarte. Probablemente se le olvidó o estuvo muy ocupada. Es totalmente tu decisión si tú te sientes lastimada por ese evento y le dejas de hablar para siempre; o si platicas con tu amiga, compartes con ella lo que sientes y siguen adelante con su bonita amistad.

Si tu jefe ignoró todas tus propuestas durante la última junta, tienes el poder de decidir si deseas sentirte frustrada o no. Quizá lo hizo a propósito o ya ha hecho exactamente lo mismo infinidad de veces. Tú eliges que significado darle a esa experiencia: el jefe amaneció de mal humor, o es una señal de que es tiempo de comenzar a buscar otras opciones profesionales que te permitan desarrollar todo tu potencial.

Si tu pareja hace algo que no te gusta, es totalmente tu elección el significado que le das a ese acontecimiento: puedes elegir sentirte decepcionada y armar un drama, o igualmente puedes decidir que lo ocurrido no tiene nada que ver contigo y con su relación.

Con todo esto no quiero decir que está "mal" que sientas decepción, enojo, frustración o dolor. Si eso es lo que sientes en determinada situación ¡adelante, por favor, siéntelo! No pongas límites a tus sensaciones, no juzgues lo que sientes y siéntelo totalmente hasta que dejes de sentir. Si no dejas fluir ese sentimiento lo único que lograrás es que crezca dentro de ti y no deje espacio en tu corazón para otros sentimientos que realmente deseas como la felicidad y el amor.

Lo que sí quiero decir es que tomes responsabilidad de tus sentimientos. Que sientas lo que tú misma has elegido sentir, consciente o inconscientemente, y no como consecuencia de lo que otra persona "te hizo" o te "obligó" a sentir.

Nadie te puede hacer absolutamente nada. Todo el mundo hace cosas y dice cosas todo el tiempo pero tú tienes el poder de decidir si esas acciones y palabras afectan tu vida de alguna manera, o no.

Si nadie se puede meter en tu mente para introducir pensamientos, nadie se puede meter en tu corazón a introducir sentimientos, a menos que tú así lo desees. ¡Y si así fuera, entonces la responsabilidad de esos sentimientos no es de la otra persona sino tuya, por permitirlo!

Y esto es válido tanto con los sentimientos negativos como con los positivos: la decepción es una decisión, la desilusión es una decisión, igual que la felicidad es una decisión.

Cómo vivir la vida es tu decisión.

De cada una de nosotras depende si cuando las cosas "no salen como yo quería" optamos por frustrarnos, enojarnos y echarle la culpa al destino o a los demás, o si decidimos agradecer el hecho de tener una experiencia más que nos ayudará a fortalecernos y a crecer como mujeres.

Porque por más que tú o yo planeemos nuestra vida segundo a segundo, minuto a minuto y día a día, los sucesos en ella no siempre serán como deseamos ni llegarán cuando nosotras queremos; pero el cómo vivimos y afrontamos cada experiencia, ya sea "buena" o "mala", sí es nuestra completa responsabilidad.

SOY CREATIVA

Tu creatividad implica que eres la autora de tu vida.

A medida que maduramos como mujeres, la colección de experiencias y vivencias enriquece considerablemente nuestra forma de expresar lo que sentimos y lo que pensamos. Es por esto que la creatividad de las mujeres aumenta considerablemente al llegar a los 40 y más.

¡Ojo! Estoy hablando de creatividad y no de conocimientos. Si bien es cierto que a nuestra edad las mujeres hemos acumulado una gran cantidad de conocimientos adquiridos a través de nuestra experiencia exterior, éstos no tienen nada que ver con nuestra creatividad.

Tus conocimientos son todo eso que has aprendido a través de otras personas, leyendo, asistiendo a cursos y seminarios, visitando museos e iglesias. Es todo eso que tienes registrado en tu mente sobre la historia, las ciencias, la tecnología, la religión, las artes, las lenguas.

Tu creatividad es algo muy diferente. Es el uso de tu imaginación y tu experiencia interior para concebir la realidad que deseas. La creatividad te lleva a la innovación y a la renovación. Es la capacidad que tienes de recrearte cada día como la mujer que deseas ser hoy, sin agobiarte por lo que fuiste en el ayer.

> Sólo la imaginación es más importante
> que el conocimiento.
> ALBERT EINSTEIN

"¿Sabías que Isabel Allende publicó su primera novela a los 40 años?", me repitió incansablemente mi madre desde el momento en que comencé a escribir mi primer blog, meses antes de cumplir 40, hasta el día en que comencé el manuscrito de este libro.

Sin pretender compararme ni remotamente con el talento de Isabel Allende, debo decir que hasta ahora que he encontrado mi centro como mujer de 40 y más comprendo perfectamente de dónde provienen esas historias mágicas que cuenta en sus libros: de creer en ella misma y en lo que es capaz de transmitir a través de su creación.

Yo soy mi creación.

Creer en ti misma y saber que eres parte de tu propia creación, es lo que diferencia a una mujer creativa de una mujer hacedora o ejecutiva.

Imagina a un grupo de diez mujeres que viven en diferentes hogares y que, sin saberlo, reciben todos los ingredientes necesarios para preparar la misma cena para cada una de sus familias. Seguramente el resultado será muy diferente en cada cocina.

Habrá mujeres que simplemente "hicieron la cena" como lo hacen cada noche, mezclando ingredientes al azar sin realmente involucrarse en el proceso mientras ven la televisión o hablan por teléfono.

Algunas quizá se dieron la oportunidad de experimentar un poco con esos ingredientes que generalmente no utilizan, ejecutando las instrucciones de algún recetario o implementando la sugerencia de una amiga.

Otras, probablemente la minoría, se involucraron totalmente en el proceso, haciéndolo completamente suyo, para crear una cena extraordinaria. Sin ser chefs profesionales, usaron exactamente los mismos ingredientes que las demás pero su creación resultó digna de cualquier restaurante gourmet. La diferencia es que añadieron un componente extra durante su proceso creativo: su CORAZÓN. Se involucraron de lleno en su creación, creyeron en ellas mismas y en su capacidad creativa y en lugar de simplemente "hacer" la cena, "crearon" una experiencia deliciosa para ellas y su familia.

Escribir o cocinar son maneras de expresar nuestra creatividad como mujeres, pero definitivamente no son las únicas. Dibujar, pintar, esculpir, cultivar un jardín, tocar un instrumento, idear maneras novedosas de explicar difíciles fórmulas matemáticas, trabajar en experimentos de física o química… todos estos son algunos canales con los que podemos expresar nuestro poder creativo. Son formas en las que podemos manifestar en el mundo exterior todo eso que está latente en nuestro mundo interior.

En el momento en que generas algo nuevo a partir de dos o más elementos, ya sean conceptos o materiales, tienes la oportunidad de formar parte del proceso creativo que hace que nuestro mundo se transforme continuamente.

El problema es que muchas mujeres no creen que tengan el poder de transformar ni siquiera su propio mundo. Y para crear algo hay que creer en ello primero.

Puedes cambiar tu mundo si crees que lo puedes lograr. ¡No porque nunca hayas vivido tu vida de otra manera quiere decir que no la puedes transformar!

Si mujeres como Angela Merkel de Alemania, Ellen Johnson-Sirleaf de Liberia y Pratibha Patil de la India no hubieran estado seguras de que ellas podrían llegar a ser líderes de sus respectivos países en un mundo en donde la mayoría de los presidentes, primer ministros y cancilleres son hombres ¡nunca lo hubieran logrado!

> Son malos los descubridores que creen que no hay tierra porque ellos sólo ven el mar.
>
> FRANCIS BACON

Tu imaginación y tu corazón son los dos elementos que puedes usar para iniciar tu transformación y crear la vida que deseas.

Usa tu imaginación para visualizar lo que quieres y tu corazón para sentirlo. ¿Cómo te ves en esa nueva vida? ¿Sonriendo... cantando... escribiendo? ¿Cómo te sientes en esa nueva vida? ¿Dichosa... tranquila... motivada?

Siempre has deseado hacer una carrera universitaria. Te casaste muy joven, tuviste hijos inmediatamente después de tu matrimonio y eso te lo impidió. Ahora eres una mujer de 40 y más y, aunque tienes muchas dudas, deseas intentarlo. Imagínate estudiando, conviviendo con otros

estudiantes, aprendiendo sobre ese tema que tanto te gusta y sintiéndote feliz con la idea de crear esa nueva vida para ti. ¿No es más fácil tomar las riendas de tu futuro cuando te ves logrando desde antes lo que anhelas?

Ya que has visto con tu imaginación y sentido con tu corazón la vida que quieres, el siguiente paso es definir los cambios que deseas y hacerte responsable de las acciones que debes seguir para lograrlos.

Platicarlo con tu marido y tus hijos, matricularte en la universidad, estudiar y presentar los exámenes de admisión, encontrar transporte, organizarte para que en tu casa todo siga funcionando sin percances las horas que estarás fuera...

Obstáculos y dificultades siempre habrá, pero el hecho de que tengas una visión clara de lo que deseas crear con tu vida, te ayudará a enfrentarte a cualquier conflicto con tesón y determinación.

> La creatividad no consiste en una nueva manera,
> sino en una nueva visión.
>
> EDITH WHARTON

Tu creatividad no hace que el mundo cambie, pero sí que cambies tu forma de apreciar el mundo, además, te da la capacidad de convertir lo ordinario en extraordinario.

¿Qué es lo que para ti hace que un día ordinario se convierta en uno extraordinario?

¿Cuando recibes una buena noticia? ¿Cuando sucede algo inesperado? ¿Cuando ves a alguien muy querido?

Tu hija mayor te dice que va a tener un bebé, te invitan al concierto de tu cantante favorito, tu amiga que vive muy lejos te visita.

Los anteriores son eventos que pueden hacerte sentir que tu día es extraordinario, fuera de lo común, ¡un día verdaderamente especial!

Pero, ¿son los eventos en sí los que son extraordinarios o es TU forma de apreciar esos acontecimientos lo que los hace extraordinarios?

Tener un nieto es para ti algo extraordinario, pero quizá para tu consuegra no lo sea ya que a ella no le gustan los niños pequeños. Tu cantante favorito no es el cantante favorito de tu pareja, así que ir a ese concierto no es precisamente extraordinario para él. Tu amiga viene de visita pero se va de nuevo en unas horas, y el que se vaya es un suceso triste y no extraordinario.

¿Te das cuenta? Lo EXTRA, en extraordinario, lo pones TÚ, y no el evento en sí.

Un bebé no es extraordinario, hay millones de bebés en el mundo, pero es TU actitud hacia el nacimiento de ESE bebé en particular lo que lo hace especial. Lo mismo sucede con el cantante y la visita de tu amiga.

Si contamos con esa maravillosa capacidad de crear lo extraordinario con nuestra simple actitud, eso significa que podemos hacer que todos los días de nuestra vida sean así. Nuestra capacidad creativa es la que nos permite ver lo milagroso, lo sorprendente y lo asombroso en cada evento que calificamos de "ordinario."

Desde la sonrisa sincera de alguien que amas, hasta tocar la textura suave de las sabanas de tu cama, pueden ser extraordinarios si así lo decides.

Porque, finalmente, es tu decisión qué hacer con todo ese potencial creativo que vive en ti. La existencia te regaló tu creatividad desde el día que naciste, y la vida te da

miles de oportunidades cada día para usarla o para desperdiciarla.

Para configurar tu destino o para dejarlo en manos de los demás.

Cuenta una antigua leyenda, que en la Edad Media, un hombre muy virtuoso fue injustamente acusado de haber asesinado a una mujer. En realidad, el verdadero autor era una persona muy influyente del reino y por eso, desde el primer momento buscaron a un "chivo expiatorio" para encubrir al culpable.

El hombre fue llevado a juicio, consciente de que tendría escasas o ninguna oportunidad de escapar al terrible veredicto: la horca.

El juez, también cómplice, cuidó de dar todo el aspecto de un juicio justo y por esta razón le dijo al acusado:

—Conociendo tu fama de hombre justo y devoto del Señor, vamos a dejar en manos de Él tu destino. Vamos a escribir en dos papeles separados las palabras culpable e inocente. Escogerás uno de ellos y será la mano de Dios la que decida tu destino.

Por supuesto, el funcionario corrupto había preparado dos papeles con la misma leyenda: "CULPABLE" y la pobre víctima, aún sin conocer los detalles, se dio cuenta de que el sistema propuesto era una trampa. No había escapatoria. El juez exhortó al hombre a tomar uno de los papeles doblados.

Éste respiró profundamente, quedó en silencio unos segundos con los ojos cerrados pensando, y cuando la sala comenzaba ya a impacientarse, abrió los ojos y con una extraña sonrisa, escogió uno de los papeles y llevándolo a su boca, lo trago rápidamente.

Sorprendidos e indignados los presentes, le reprocharon airadamente.

Pero... ¿qué hizo?... ¿Y ahora?... ¿Cómo vamos a saber el veredicto?

—Es muy sencillo —respondió el acusado—, es cuestión de leer el papel que queda y sabremos qué decía el que escogí.

Con rezongos y disgustos mal disimulados, tuvieron que liberar al acusado, y jamás volvieron a molestarlo.

Si el hombre de la historia anterior no hubiera usado su creatividad, habría terminado en la horca como era el plan de sus acusadores. Hoy en día no existe la horca ni los juicios decididos por la elección al azar de un papelito, pero hay muchas otras maneras en que las mujeres permitimos que sean otros quienes decidan el rumbo de nuestra vida.

Una de ellas es cuando creemos que somos víctimas del destino y de las decisiones de los demás, en lugar de definir nosotras mismas cuál es la razón por la que suceden las cosas.

"Pero, ¿por qué yo? ¿Por qué a mí? ¿Por qué, por qué, POR QUÉÉÉ?"

¿Reconoces estas preguntas? ¿Recurres a ellas cuando las cosas no marchan bien?

Muchas mujeres, desafortunadamente, estamos o estuvimos estancadas en los "¿por qué?", consumiendo la existencia tratando de entender la razón por la que "nos suceden" las cosas.

La verdad es que todas tenemos derecho a vivir nuestra vida como queramos, pero si existe la posibilidad de disfrutarla en lugar de sufrirla, ¿por qué no hacerlo?

Todo inicia con ser conscientes de que somos creadoras de nuestra vida. Una vida en la cual, por principio, solamente

dos cosas son seguras: 1, que un día nacimos y 2, que un día esta experiencia llamada vida terminará con la muerte, con una transición o lo que tú creas que sucederá al final.

Estos dos eventos son como dos puntos o sitios en un mapa. De un punto al otro puedes llegar usando miles de rutas diferentes y, sin importar el trayecto que elijas, siempre llegarás exactamente al mismo lugar.

Puedes elegir un camino escabroso, o uno empinado, o uno de bajadita, o una combinación de todo un poco. A fin de cuentas es TU camino. Tú decides la ruta. Tú escoges como quieres vivir esa experiencia que es tu vida.

De la misma manera TÚ puedes escoger la razón por la cual las cosas no salen como quieres.

¿Se descompuso el auto y te quedaste tirada en medio de la carretera en un día lluvioso? En lugar de quejarte, sufrir y preguntarte: "¿Por qué siempre me pasan estas cosas?", qué tal si mejor encuentras PARA QUÉ te sucedió esa "desgracia". Por ejemplo: "Se me descompuso el coche PARA QUE en el futuro no se me olvide que tengo que ser mas organizada y que debo llevar el auto a su servicio cuando le toca y no sólo cuando me lo recuerda mi marido."

Cuando encuentras el "para qué" de tus experiencias, sean agradables o no, entonces te encuentras en control de tu vida y usas todo tu poder creativo para ser quien realmente deseas.

¡Porque tienes dentro de ti todas las posibilidades para crear la vida que TÚ deseas: una vida llena de amor y felicidad!

SOY VALIENTE

Tener valor es dejar atrás tus temores
para darle cabida al amor.

¿A qué le temes? ¿Quizá te dé pánico la oscuridad, o las alturas, o el sonido de los truenos?

¿O probablemente te da pavor la soledad? ¿O le tienes miedo a aceptar tu poder como mujer, o a reconocer que tienes derecho a SER feliz, o a tomar las riendas de tu vida, o a compartir, a pedir, a vivir?

El miedo es la emoción que te impide enfrentarte a una situación que puede parecer difícil, es esa fuerza que te hace creer que no puedes hacer frente a la oposición, que fuerzas contrarias surgen en el camino.

La mujer de 40 y más es valiente cuando usa su determinación y su sabiduría para lograr sus objetivos sin lastimar a nadie.

¿Qué sería la vida si no tuviéramos el valor
de intentar algo?

Vincent van Gogh

Existen muchas mujeres que han cambiado al mundo y han creado conciencia sobre diversas causas gracias a su admirable valentía.

Un gran ejemplo de valor es la birmana Aung San Suu Kyi, quien por oponerse a la dictadura militar en su país ha pasado más de 15 años encarcelada o privada de su libertad. Su esfuerzo por que el mundo conozca la situación de su país la llevo a ser merecedora del Premio Nobel de la Paz en 1991, el cual no pudo recibir en persona por estar presa.

Para ser valiente no necesitas terminar en una cárcel como Aung San Suu Kyi, pero vivir acosada por tus miedos es exactamente como estar en prisión, privada de la libertad de ser quien deseas ser.

Recuerda que el miedo no es otra cosa que lo opuesto del amor. Todos nuestros pensamientos, palabras y acciones están basados en una de estas dos emociones: amor o miedo.

El miedo es la energía que todo lo contrae, lo cierra, lo limita, lo esconde, lo lastima.

El amor es la energía que todo lo expande, lo abre, lo revela, lo comparte y lo sana.

Como te darás cuenta son aspectos opuestos de una misma energía y tú decides hacia dónde dirigirla.

Las mujeres de 40 y más tenemos muchos miedos, algunos heredados y la mayoría adquiridos, y probablemente uno de los más grandes es el miedo a compartir.

Aun cuando las mujeres somos SERES sociales por excelencia y el compartir es parte de lo que somos y lo que nos

ayuda y motiva a evolucionar intelectualmente, emocionalmente y, sobre todo, espiritualmente, la realidad es que fuera
del aspecto mental, de compartir nuestros conocimientos y
experiencias, no compartimos realmente nuestra esencia
con los demás.

¿Qué tanto compartes tus emociones, tus sentimientos y
sobre todo tu amor y belleza interior con quienes te rodean?

Ese miedo a SER nosotras mismas, el temor a que "nos
traicionen", el pavor a que "nos lastimen", el pánico al "¿qué
dirán?" nos ha llevado a muchas mujeres de 40 y más a pro-
tegernos con capas y capas de prejuicios, condicionamientos
y actitudes que no nos permiten liberar y compartir todo el
amor que vive dentro de nosotras.

Porque dentro de cada una hay mucho, ¡pero mucho amor!
Todo es cuestión de dejarlo salir.

Piénsalo así: si la historia de un país no se escribiera, se
perdería. Si las fórmulas científicas no se enseñaran en las
escuelas, se perderían. Si la inspiración de un poeta no se
plasmara en un libro, se perdería.

Cuando no expresas nada y no compartes nada, ¿qué legado esperas dejar a los demás al concluir tu paso por esta
vida?

> Si no compartes la belleza de tu interior
> con los demás, se perderá.

Igualmente, si lo único que expresas hacia el exterior es tu
frustración o tu enojo, eso perdurará.

Mejor elige expresar tu belleza interior que tu frustración,
ya que esa frustración no es más que una expresión de tus
miedos no superados o, peor aún, no identificados.

Es cierto, muchas mujeres no logran identificar sus verdaderos miedos porque temen enfrentarse a ellos, lo cual es una verdadera ironía. Y uno de los "trucos" que las mujeres usamos para evitar esa confrontación con lo que tememos, es comparar nuestros temores con los no temores de otras personas.

Yo le tengo miedo a las alturas. Qué digo miedo, ¡verdadero pánico! La sola idea de asomarme a la ventana de un edificio muy alto me pone nerviosa. No sé de dónde saqué ese miedo ni por qué. La verdad nunca me he puesto a averiguarlo, hasta ahora no ha sido un verdadero obstáculo. ¡Excepto esa vez que intenté pintar el techo de mi casa y me quedé congelada en la escalera antes de comenzar a gritar como una desquiciada!

Es por eso que cuando oigo que alguien practica paracaidismo, o se avienta del *bungee*, o hace acrobacias a gran altura, antes de encontrarlo valiente me parece que es una verdadera locura.

Lo que para un paracaidista o un acróbata es normal, para mí es mucho más que un acto de valentía: es una locura. ¿Por qué? Porque es más fácil decir que vencer mi miedo a las alturas es una locura, que un acto de valor. Así me deslindo de la responsabilidad de enfrentar ese miedo. ¡Prefiero ser una miedosa que una loca!

¿Te reconoces?

Estás en el proceso de divorciarte y han decidido vender la casa en la que tu marido y tú viven para repartir el dinero de la propiedad entre los dos. Tus hijos ya son grandes y han hecho su vida. Estás tranquila con tu decisión de separarte de tu marido pero le tienes mucho miedo a la soledad. Nunca has vivido sola y la frase: "No quiero morir sola" ronda continuamente tu mente.

Tienes varias amigas que viven solas y siempre lo has considerado una locura. "¿Cómo puede alguien estar todo el tiempo sin la compañía de otra persona...? ¡Me volvería loca sin alguien con quien platicar, a quien cocinarle, a quien cuidar!"

Tu miedo a estar a solas contigo misma es tal que estás considerando guardar el dinero de la venta de la casa y, en lugar de mudarte a tu propio departamento, mejor te vas a vivir con tu mamá, quién desde que murió tu papá hace más de 5 años vive sola... ¡y completamente feliz!

¿Sabes por qué tantas mujeres le tienen miedo a quedarse solas?

Porque desde pequeñas nos dijeron que nunca debemos interactuar con personas que no conocemos ya que es peligroso, y muchas mujeres no se conocen a sí mismas por lo que les da un miedo terrible enfrentarse a lo que pueden encontrar en su propio ser.

> En la vida no hay nada que temer. Sólo que entender.
> MARIE CURIE

Suena un poco absurdo pero así es. A la mayor parte de las personas no nos gusta enfrentarnos a lo desconocido. La incertidumbre es muy incómoda, excepto para las aventureras y las mujeres valientes. Y mucho valor y espíritu aventurero es lo que hace falta para verse a una misma en el espejo de manera objetiva y, sobre todo, para conectarse con el ser interior.

Aprender a conectarte contigo es como emprender un viaje completamente sola hacia un destino remoto y desconocido: tu alma. Para llegar hasta ahí debes hacer dos escalas: primero en tu mente y luego en tu corazón.

Tu mente es un lugar que conoces muy bien, ya que desde ahí siempre has vivido. Es un sitio ruidoso pero familiar. Algo así como el Zócalo de la Ciudad de México el 16 de septiembre o la plaza principal en el centro de tu ciudad en un día de fiesta.

Ahí es donde existe la mujer que fuiste en tu pasado y con la cual la mayor parte de la gente te identifica. Es esa mujer que ya no eres pero a la que sigues aferrada porque es "lo seguro", lo que conoces, lo que siempre ha estado ahí.

Tu misión, si la aceptas, es silenciar esa mente. Es dejar de identificarte con todo eso que te grita cuando estás ahí: "¡Eres una inútil!" "¡Eres una indecisa!" "¡Eres insufrible!"

Para lograrlo, simplemente reconoce que todas esas voces que escuchas no son más que grabaciones puestas ahí por otras personas, y que tú se los permitiste porque hasta ahora no sabías que lo pudiste evitar. Es como si un merolico se hubiera metido a tu patio a gritar sandeces sin que lo invitaras, pero ahora no sabes si debes sacarlo, o no, porque siempre ha estado ahí.

¡Dale una patada a ese merolico y cállalo! O simplemente acepta que esas voces no son tuyas y que no tienes por qué escucharlas.

Ya que termines exitosamente tu primera escala en este viaje hacia tu propio ser, el siguiente paso es dirigirte a tu segunda parada: el corazón.

Aquí sí necesitas ser una mujer muy valiente, porque lo que encontrarás es totalmente lo opuesto a lo que experimentaste en tu mente. El corazón, en la mayoría de los casos, se encuentra completamente apacible.

El corazón es el centro de nuestras emociones, de aquí es de donde fluyen nuestros sentimientos. El problema es que

hemos reprimido tanto a nuestro corazón que se ha vuelto totalmente plácido.

Tu misión, si la aceptas, es despertar y liberar tu corazón. Es reconocer que cuando no permites que tus emociones fluyan, se acumulan en tu interior hasta transformarse en reacciones que te hacen mucho daño.

No expresas lo que sientes porque no has enseñado a tu corazón a hacerlo, pero esas emociones existen y se van apilando dentro de tu ser hasta que terminas convirtiéndote en eso que reprimes.

La relación con tu pareja se ha deteriorado al punto que cuando él se refiere a ti sólo lo hace con insultos. "Cocinas asqueroso… eres detestable… no tienes personalidad." Sus palabras te enojan, le quieres poner un alto, decirle que pare, ¡basta!, pero no te atreves a decirlo. Agachas la cabeza y aguantas todo lo que te dice: "Es lo que hace una buena esposa… eso es lo que siempre hizo mi mamá frente a los insultos de mi padre", te dices una y otra vez.

¿Qué crees que sucede con ese enojo que sientes cuando no lo expresas? Te aseguro que no desaparece como por arte de magia. El enojo, como todo en este mundo, es energía, y la energía reprimida se transforma.

Tu enojo cohibido se transforma en ira. No inmediatamente, sino poco a poco, ese enojo se va enraizando en tu ser y se va acumulando hasta que un día explota en uno o varios ataques incontrolables de ira. Desafortunadamente, quien generalmente motiva una explosión de ese tipo rara vez es el causante original de tu enojo.

Un día tu hijo llega de la escuela con una mala calificación en matemáticas. En lugar de preguntarle qué sucedió y buscar juntos una solución para ayudarle a entender mejor la materia, explotas, te da un ataque de rabia: "¡Eres un inútil... eres un bueno para nada... no tienes una pizca de cerebro!", le gritas alterada.

La calificación de tu hijo no es la causa de tu ira, sino simplemente la gota que derramó el vaso. Lo peor es que de la misma manera en que no expresas tu enojo hacia tu marido cuando él te insulta, tu hijo tampoco lo expresará contigo. El chico acumulará internamente su enojo hasta que éste se convierta en ira y, tarde o temprano, expresará esa ira, muy probablemente contra sí mismo.

El corazón iracundo de un niño o de un joven tiende a convertirlo en un adulto autodestructivo.

Por eso es tan importante ese viaje a nuestro corazón para enseñarlo a fluir. Y por fluir no quiero decir que armes un escándalo cada vez que sientas enojo, o tristeza, o cualquier otra emoción, sino que te permitas expresar lo que sientes, en el momento que lo sientes, sin lastimar a nadie.

Si en este momento te sientes disgustada porque alguien que amas te insultó, ¡dilo! Sin reproches, sin insultos de regreso, sin gritos ni ofensas. "Te quiero decir que eso que me has dicho no me gusta, me ofende, no me hace sentir bien, así que por favor no me lo digas más."

Si la otra persona insiste en seguir insultándote, tú insiste en seguir diciéndole cómo te sientes... hasta que los insultos terminen. Esa persona debe tener la madurez suficiente para comprender que no llegará a ninguna parte con esa actitud y si persiste en ofenderte tú debes decidir, con valor, alejarte de ella, ponerla muy lejos de tu vida.

Así como necesitas usar toda tu audacia para aprender a dejar fluir tu enojo, tu envidia o tu tristeza, también necesitas valor para dejar fluir tus emociones más nobles como el

cariño, la compasión, la generosidad y el amor. Sobre todo en momentos en que te sientes abrumada por la vida cotidiana y no quieres molestar a quienes más amas.

Cuando tenemos poco tiempo libre, dejamos de llamar a nuestros seres queridos. Cuando el trabajo nos tiene ocupadas, dejamos de hacer esas cosas que más nos gustan con la gente que más queremos. Cuando el mundo parece ser un completo caos, nos aislamos de las personas que son verdaderamente importantes para nosotros.

Y, sin embargo, eso es precisamente lo que más necesitamos en esos momentos. Lo que más necesitamos es aquello que dejamos escapar. Necesitamos de nuestro grupo de amigas y personas queridas. Necesitamos darnos la oportunidad de compartir nuestro amor.

Y, sin embargo, no hacemos lo suficiente para mantenerlos cerca de nosotras.

Mi experiencia personal es que cuando paso por momentos así, tengo que hacer un esfuerzo extra por seguir pendiente de las personas que amo y no perder la costumbre de comunicarme con ellas.

Por encontrarme enfocada en el futuro, en mis planes y proyectos, me olvido fácilmente de las personas que forman parte de mi presente.

Me olvido que es precisamente con esas personas con las que puedo compartir libremente todo el amor que llevo dentro.

Por eso, de la misma manera que expresas tu enojo si alguien te insulta, si alguien es importante para ti, ¡dilo! Dile lo que sientes por él o ella. Dile que recuerdas las alegrías y las tristezas compartidas. Dile que estás agradecida porque forma parte de tu vida aunque no tengas la oportunidad de decírselo regularmente.

Recuerda que si hay alguien con quien puedes dejar fluir tu corazón sin límites ni restricciones, es precisamente con tus seres amados, y por eso es importante reconocer que uno de los tesoros más hermosos que tienes en este mundo son ellos.

Silencia tu mente de todo lo que NO eres.
Deja fluir tu corazón con todo lo que SÍ eres.

Silenciar y fluir son los objetivos en ese viaje aventurero hacia lo más profundo de nuestro ser, para llegar a conocernos a nosotras mismas.

Una vez que conquistas tu mente y tu corazón, que encuentras el verdadero balance entre tus pensamientos y tus sentimientos, estarás lista para encontrarte con quien realmente eres: con una mujer completa que no tiene temor alguno de disfrutar plenamente, y en amor, esta bella aventura llamada vida.

Porque como bien decía Helen Keller: "La vida es una aventura intrépida. Si no, no es nada."

SOY GUERRERA

La mujer guerrera va siempre por TODO, con todo.

El hombre guerrero es muy diferente a la mujer guerrera. El hombre es guerrero por naturaleza. Desde tiempos remotos su instinto lo ha hecho pelear con todo y contra todo para asegurar la subsistencia de sí mismo y de su tribu. En la mayoría de las civilizaciones siempre ha sido un honor ser parte de la élite guerrera, de ese clan que se prepara física y mentalmente durante años para asegurar que se encuentra listo para el momento en que deba luchar contra otros hombres y demostrar así su valentía, su hombría y su lealtad.

La lucha del hombre guerrero es en su exterior. Aun si un hombre no es un soldado o guerrero de profesión, siempre estará luchando con algo o contra alguien. El hombre lucha contra otros hombres por "ganar" el amor de la mujer que le gusta. El hombre está en una lucha constante por obtener y luego mantener el trabajo que desea para ganar el dinero que necesita y así cuidar de su familia. El hombre lucha por demostrar que es el más fuerte, el más inteligente, y el más atractivo de su entorno.

La mujer es una guerrera diferente.

La lucha de la mujer no comienza en su exterior, sino en su interior.

Antes de salir al mundo a obtener lo que desea, la mujer debe primero vencer todos los obstáculos y barreras que tanto la sociedad como ella misma han impuesto en su mente.

Vencer esos obstáculos puede parecer difícil, pero no lo es... todo es cuestión de tener fe en nosotras mismas.

Si piensas que estás vencida, lo estás

Llevas trabajando más de 10 años en una empresa y amas tu trabajo. Tu jefe es transferido a otro departamento y el puesto de gerente de tu área está disponible. Hay otra persona en tu equipo que desea el puesto tanto como tú. Tienen las mismas cualidades, años de experiencia y rango. La única diferencia entre ustedes es que él es hombre y tú mujer.

Creciste en una casa en donde tu padre era la máxima autoridad y tus hermanos mayores siempre tuvieron más privilegios que tú: a ellos les pagaron la universidad privada y tú tuviste que conseguir una beca para cursarla ya que para tu padre lo importante era que te casaras, no que estudiaras. Tu marido está satisfecho porque te gusta tu trabajo, pero él siempre ha sido el mayor proveedor en tu casa. "Para asegurar la paz en el hogar el hombre siempre debe ganar más que su mujer", le has oído decir a sus amigos varias veces.

Se acerca el día de la entrevista final con el director general para determinar quién se quedará con el puesto y ya decidiste, sin decírselo a nadie, que el puesto es de tu compañero.

"Imposible que se lo den a una mujer, y aparte eso me causaría un problema con mi marido", te has convencido a ti misma.

Tu compañero se convierte obviamente en tu jefe. "Ya habrá otra oportunidad", dices a tus amigos y a tu familia con desilusión.

Muchas carreras se han perdido y muchos cobardes han fracasado antes de comenzar su trabajo.

¿Por qué muchas mujeres permitimos que suceda eso?

Si alguien te arrebata a tu pequeño hijo o nieto en la calle y sale corriendo con él, ¿qué haces? Seguramente te saldrán fuerzas de donde ni siquiera sabes que las tienes y volarás tras el malhechor para alcanzarlo y darle su merecido a bolsazos, puñetazos y hasta con patadas. No le darías una simple cachetada y un regaño, no lo enfrentarías a medias, sino que darías tu vida entera por proteger a tu pequeño, ¿o no es así?

Enviudas o estás recién divorciada y te quedas con la responsabilidad total de tus hijos. No tienes quién te apoye económicamente y menos psicológicamente, pero sacas adelante a tus hijos como puedes. Aunque te quedes sin comer, ellos siempre tienen el estómago lleno. Aunque debas trabajar tres turnos y no tomes vacaciones, ellos tienen lo mejor.

¿Por qué muchas mujeres darían su vida por los demás pero no se atreven a pelear por sí mismas y por lo que desean?

Porque no creemos que PODEMOS salir al mundo y luchar por todo eso que, por derecho, es nuestro.

Cuando digo "luchar", no me refiero a tomar las armas y crear una guerra contra los hombres, o contra otras mujeres. Nuestra lucha es de otro tipo, porque somos otro tipo de guerreras. Es una lucha de luz contra oscuridad. De conciencia

contra inconsciencia. Un lucha en donde nos convertimos en Guerreras de la Luz.

Cuando eres una guerrera de la luz sabes por naturaleza que si piensas que no te atreves a hacer o ser algo, no lo harás. Porque nuestros pensamientos son el motor de nuestras acciones, pero también son el filtro de nuestros sentimientos.

Sientes en tu alma que deseas estudiar otro idioma. Sientes un deseo enorme de aprender italiano pero tu mente dice: "No vas a lograrlo, eres malísima para los idiomas... ¡mira nada más qué mal hablas el inglés!"

Nadie te impidió hacer eso que deseas mas que tu propio pensamiento de que eres una inepta. Un pensamiento de oscuridad e inconsciencia que no está en armonía con tu verdadero ser de luz.

Tú eres luz. Tú eres conciencia. Tú eres energía femenina en acción.

¿Recuerdas los sables de luz en la película *La guerra de las galaxias*? Así es como yo imagino la proyección de nuestra luz cada vez que, como mujeres guerreras, emprendemos una batalla.

La batalla por la honestidad

Una de las cualidades femeninas por excelencia es la honestidad.

En un mundo en donde cada vez menos gente vive de acuerdo a como piensa y siente, sin respeto a la verdad propia y a la ajena, la honestidad es una virtud que tristemente ha pasado a un segundo plano.

¿Y qué hacemos las mujeres al respecto sabiendo que es una de las cualidades que nos distingue y nos hace ser lo que somos?

"Yo regaño a mis hijos cuando dicen mentiras."

¿Y quién regaña a las televisoras que transmiten historias manipuladas o a los periódicos que publican noticias imparciales? ¿O a los empresarios corruptos y a los funcionarios corruptibles?

No estoy diciendo que toda nuestra sociedad sea deshonesta, pero ejemplos hay muchos y las mujeres tenemos acceso a todos estos sitios en donde se practica la deshonestidad.

El problema es que nos hemos creído que no tenemos la fuerza para luchar contra esa ola de deshonestidad y nos damos por vencidas antes de intentarlo.

Para empezar, muchas ni siquiera creemos que seamos capaces de llegar a puestos de importancia generalmente ocupados por los hombres, y una vez que logramos llegar a esos puestos hacemos una de dos cosas: 1, nos da miedo ser un factor de cambio; o 2, comenzamos a actuar como hombres en nuestro deseo de integrarnos a "su mundo".

Una verdadera guerrera no le tiene miedo a nada. Sabe en su corazón que no tiene absolutamente nada qué temer. Vive el presente, enfocada siempre en crear un mundo mejor para ella y para quienes la rodean. Minuto a minuto. Instante a instante.

La mujer guerrera no tiene miedo a ser un factor de cambio. Sabe que eso es precisamente lo que ES. Saca su espada de luz y con ella inspira a los demás a encender su propia luz y así comprender que para crear un cambio hay que comenzar por cambiar uno mismo.

Guerrera es la mujer que crece al transformarse en una mejor versión de sí misma durante el proceso de cambiar, y no la mujer que se transforma en otra persona creyendo que así va a crecer. Desafortunadamente, son muchas las

mujeres que en su deseo de sobresalir en el mundo masculino, en lugar de sacar a la luz sus cualidades femeninas, lo que hacen es precisamente lo contrario: minimizarlas.

Eres una guerrera que se ha preparado académicamente y está lista para ocupar un puesto de importancia en una agencia de gobierno. Crees en ti y con mucho trabajo y esfuerzo logras tu objetivo: ¡te han dado la dirección de un departamento importante dentro de una secretaría de gobierno! Eres la primera mujer que ha llegado tan alto dentro de la dependencia y comienzas a sentir la presión de tus colegas, jefes y subordinados por probar que realmente mereces el trabajo.

La primera prueba se te presenta cuando tienes la junta inicial con un proveedor que te pregunta cuál es la cuota para trabajar contigo. "El Director pasado cobraba quince por ciento, jefa."

Tu instinto de guerrera femenina inmediatamente te hace sentir que debes hacer algo al respecto, que debes luchar contra esa prueba descarada de corrupción.

Pero no lo haces.

Tienes la oportunidad de generar un cambio instantáneo y algo te detiene: el miedo a ver la intensidad de tu propia luz.

Nuestra propia luz es la que nos hace ver nuestro camino y al mismo tiempo es la que nos convierte en la inspiración para crear un cambio positivo en los demás.

Desafortunadamente, aun cuando sabemos que esa luz es exactamente la fuente de nuestra dicha y la que hará cambiar al mundo, a muchas mujeres nos da miedo seguirla ya que hacerlo puede significar un cambio total en el curso de nuestra vida y enfrentarnos cara a cara con lo que siempre nos han dicho que "no es posible."

No era posible que una mujer polaca se inscribiera en la facultad de Ciencias matemáticas de la Universidad de la Sorbona en París, a finales del siglo xix; sin embargo ni el hecho de ser mujer, ni la barrera del idioma, ni el vivir en un país extranjero, detuvieron a Marie Sklodowska Curie para llegar a convertirse en una eminencia en los campos de la física y la química que la llevaron a recibir dos veces el Premio Nobel.

No era posible que una mujer de origen indígena, que vivió muchas de las injusticias y explotaciones a las que son sometidos los indígenas que sobreviven en la pobreza extrema de Centroamérica, llegara a ser candidata a la presidencia de su país. No obstante, y a pesar de muchas críticas, Rigoberta Menchú no detuvo su lucha a favor de los derechos humanos de los indígenas y su esfuerzo fue reconocido con un Premio Nobel de la Paz.

Marie Curie y Rigoberta Menchú son sólo dos ejemplos de las miles de mujeres guerreras que no permitieron que su luz fuese apagada a pesar de las adversidades. Muy al contrario, gracias a mujeres como ellas es que muchas de nosotras hemos encontrado nuestra propia luz y la fuerza para emprender caminos que pudieran parecer imposibles, y a convertirnos nosotras mismas en mujeres guerreras. ¡Mujeres guerreras que nos atrevemos a cambiar este mundo sin miedo a cambiar primero nosotras mismas!

Atrévete a cambiar

Todo, absolutamente todo en este mundo se encuentra en constante movimiento y en un proceso de cambio: se hace de día y se hace de noche, la temperatura cambia, nuestras relaciones cambian, nuestro cuerpo cambia…

Hasta aquello que consideramos del mundo material tarde o temprano muestra señales de cambio: las paredes de una casa comienzan a llenarse de grietas, los tornillos de la podadora de césped se oxidan, la tela de las cortinas cambia de color debido al sol.

La vida es cambio y los cambios son vida.

Si cambiar es un proceso natural, entonces, ¿por qué, aun cuando nos sentimos como mujeres guerreras dispuestas a ir por todo con todo, a veces es tan difícil aceptar los cambios en nuestra vida?

La respuesta se encuentra dentro de cada una de nosotras, ya que en el proceso de crear nuestras propias vidas somos nosotras mismas las que hacemos que los cambios se presenten en nuestro camino, y también somos quienes elegimos cómo vivirlos.

Así es, cada una es arquitecta de su propia vida y cada experiencia la vivimos de acuerdo a cómo escogemos vivirla. Tenemos el poder de decidir cómo nos relacionamos con cada situación: ¿Con miedo? ¿Con angustia? ¿Con celos? ¿Con enojo? ¿Con alegría? ¿Con amor?

Lo que elijas es precisamente tu "arma." La mujer guerrera no es la que usa rifle, ni pistola, ni bazuca, ni tanque de guerra. La mujer guerrera es la que sabe cómo usar sus emociones para crear y así cambiar su vida minuto a minuto.

La mujer guerrera sabe que así como un pintor usa el lienzo y los colores como herramientas para crear su obra, o un poeta tiene acceso al papel y al lápiz como herramientas para crear su poema, cada una de nosotras cuenta con herramientas o armas innatas para crear nuestra obra maestra llamada vida.

Esas armas son las emociones que conocemos como: tristeza, enojo, ambición, temor, pero la máxima emoción y la única que todos en este mundo realmente necesitamos es el amor.

La tristeza es lo que permite a la mujer guerrera despedirse de sus seres queridos cuando parten o de experiencias que llegan a su fin. Es el arma que usamos para expresar lo que sentimos al perder algo o a alguien.

El enojo es el arma que permite a la mujer guerrera decir "ya basta" y así poner distancia con eso que no resuena en su interior.

La ambición es la emoción que hace a la mujer guerrera decidirse a comenzar algo de nuevo, esforzarse más y seguir intentando sin parar hasta lograr el éxito. Es saludable y natural sentir ambición.

Todos nacemos con dos temores naturales: el miedo a caernos y a los ruidos fuertes. Estos temores son las armas que nos ayudan a tener precaución para asegurarnos de mantener a salvo nuestro cuerpo. Son un fruto del amor por nosotras mismas. Todos los otros temores no son innatos, sino que los aprendimos de nuestro entorno.

El amor es la más maravillosa de las emociones. Cuando nos permitimos expresar y recibir el amor en forma normal, sin condiciones ni inhibiciones, no requerimos de nada más, ya que la alegría de expresar y recibir libremente es suficiente para ser dichosas.

Las guerreras sabemos que estas emociones son nuestros dones. Existen dentro de nosotras y debemos experimentarlos sin represiones ni límites. Porque cuando reprimimos nuestras emociones lo único que conseguimos es convertirlas en reacciones negativas, en situaciones que no nos ayudan a ser nosotras mismas ni a crear la vida que deseamos.

Cuando no dejamos que las emociones naturales fluyan, lo único que logramos es bloquear nuestro crecimiento como seres creativos y capaces de amar.

Si reprimes la tristeza en forma continua, esto puede derivar en depresión crónica, cuando el enojo se reprime continuamente se convierte en cólera, la ambición reprimida se convierte en celos, el temor reprimido se convierte en pánico. Todas estas circunstancias no son emociones, sino reacciones.

Asimismo, el amor que ha sido coartado, manipulado y reprimido, se convierte en ese sentimiento enfermo de que la otra persona te pertenece, y definitivamente esto no es una emoción natural.

Por eso, si realmente eres una mujer guerrera, no te preguntes si habrá cambios en tu vida, sino de qué tipo serán, y qué emociones –en lugar de reacciones– eliges como herramientas o "armas" para vivirlos.

Y una vez que hayas decidido qué cambios deseas, asegúrate de vivirlos plenamente, ya que esa es la única manera en que realmente causarás un impacto en tu mundo interior y, sobre todo, en tu entorno.

La decisión de ser una mujer guerrera que lleva las riendas de su vida y que va dejando huella al provocar cambios positivos en tu entorno es tuya y de nadie más, ya que ésta es TU vida y tú tienes el derecho de elegir cómo vivirla.

SOY AUTÉNTICA

Auténtica es la mujer que asume la responsabilidad de SER lo que es, y se reconoce libre de ser quien desea ser.

"Eres única, nunca cambies." ¿Cuántas veces escribiste y leíste esta frase en recaditos llenos de corazoncitos que intercambiabas con tus amigas en la secundaria? ¿Y cuántas veces te has visto en el espejo y te has dicho esa frase a ti misma desde que cumpliste 40?

Casi me atrevo a apostar que la respuesta a la primera pregunta es: "Muchas veces", y a la segunda: "Nunca."

En tu exterior, a menos que tengas una hermana gemela idéntica, realmente no hay nadie que tenga el mismo físico que tú. Eres cien por ciento auténtica, original, ¡única! Muchas mujeres tendrán características físicas similares a ti. Quizá hasta te confundan en la calle con alguien más pues compartes un tipo de complexión, color de piel y de cabello, pero tú sabes que eres totalmente distinta.

En tu interior sucede exactamente igual. Eres el resultado de más de 40 años de experiencias que has ido acumulando y recolectando en tu mente. Nadie ha vivido la misma vida que tú, ni siquiera una hermana gemela, por lo que la forma en la que tú ves y aprecias la vida es completamente diferente a la de otras personas.

De la misma manera que puedes cambiar tu aspecto físico con un corte de cabello, una cirugía plástica o haciendo ejercicio, también puedes cambiar tu forma de ver la vida si así lo decides.

¿Cómo? Eligiendo vivir conscientemente cada situación que se te presenta.

Conduces a hora pico, estás atorada en un embotellamiento. Vas camino a una cita importante y seguramente llegarás tarde, si es que llegas. De pronto, los conductores a tu alrededor comienzan a tocar la bocina de sus autos sin parar, te les unes en el escándalo como si eso lograra desaparecer a todos los coches frente a ti. Tu hija, que va contigo, te pregunta por qué lo haces, sin mirarla, le respondes con un grito: "¡Cállate y déjame en paz!"

¿Te ha sucedido algo similar?

Creo que muchas mujeres actuamos algunas veces de tal forma que, si nos grabaran y nos pasaran la película unas horas después, la verdad es que no nos reconoceríamos.

Lo que sucede en estos casos es que reaccionamos en lugar de responder.

La diferencia entre reaccionar y responder es que generalmente reaccionamos ante ciertas circunstancias y personas, en función de experiencias de nuestro pasado; en lugar de responder con base en la experiencia que deseamos vivir en el momento presente.

Si tu pareja, tu jefe, o en su tiempo tus padres, son de los que gritan y se alteran cada vez que se sienten en una situación de estrés, es muy probable que te hayas condicionado inconscientemente a reaccionar de la misma manera, ya que es "a lo que estás acostumbrada".

Es por eso que si, como en el ejemplo anterior, te sientes estresada, muy probablemente reacciones pegando de gritos a quienes están junto a ti.

Si no has identificado esto como una experiencia del pasado, condicionada en ti por otras personas, que está alterando tu presente, el gritar bajo estrés será siempre tu reacción.

Ahora bien, tienes la opción de cambiar esto, si así lo deseas. Puedes elegir RESPONDER en lugar de REACCIONAR ante cualquier situación. Puedes decidir cuánto quieres que te afecte cada situación en el aquí y el ahora, momento a momento. Para hacer esto, todo lo que necesitas es ser consciente de lo que estás sintiendo.

Consciente de lo que estás sintiendo

¿Te sientes angustiada porque no te gusta llegar tarde? "Es de mala educación llegar tarde", te decía siempre tu mamá.

¿O quizá te sientes alterada debido al ruido de los otros autos, o frustrada porque no tienes control de la situación y a ti siempre te dijeron en la escuela que para salir adelante en la vida hay que "tener el control"?

Una vez que has identificado lo que sientes y por qué lo sientes, entonces puedes decidir si reaccionar o responder.

Puedes reaccionar al embotellamiento tocando la bocina del coche como una histérica y gritándole a tu hija, o puedes mejor responder conscientemente al "problema."

Una forma de respuesta consciente sería aprovechar ese momento para hacer algo que quizá no tienes muchas oportunidades de hacer normalmente: disfrutar de una plática con tu hija mientras esperan a que empiece a fluir el tránsito vial.

Cuando respondes conscientemente estás siendo responsable de tu vida.

> Respons+habilidad o Responsabilidad =
> Habilidad de responder.

Ser auténtica es vivir tu vida con responsabilidad. Enfocada en vivir cada experiencia basada en lo que deseas ser hoy y no en lo que fuiste en el pasado o en lo que alguien te dijo que eres, eras o serás.

¿Cómo puede alguien más decirte lo que eres, si la mayoría de la gente no sabe lo que son ellos mismos?

Una cosa es quién eres y qué haces:

- Eres mexicana, colombiana, argentina, española, chilena...
- Eres madre, hija, prima, tía, sobrina, esposa, hermana...
- Eres doctora, enfermera, maestra, ama de casa, vendedora...

Éstas son "etiquetas" que describen tu experiencia exterior. No son lo que te hacen ser auténtica, ya que hay miles de mujeres que comparten estas mismas descripciones contigo.

Ninguna de esas etiquetas se relaciona con QUÉ ERES, pues SER está basado en tu experiencia interior.

QUÉ ERES es algo que sólo tú puedes saber ya que nadie puede entrar ni a tu cabeza, ni a tu corazón, ni a lo más profundo de tu ser para ver esa luz que vive dentro de ti.

Desafortunadamente, lo que sucede muchas veces es que tendemos a darle demasiada importancia a lo que otras personas piensan sobre nosotras, basadas únicamente en nuestras etiquetas externas, permitiendo que sean los demás quienes nos definan.

Permitimos que alguien que nos ha visto sólo una vez en la vida nos haga sentirnos viejas e inútiles cuando durante una entrevista de trabajo dice: "No puedes tener este empleo, sobrepasas la edad requerida."

Permitimos que una vecina, con la cual hemos hablado un par de veces en nuestra vida, nos convenza de que no podemos ser la administradora del edificio en donde vivimos porque "esa es una labor para hombres".

Dejamos de ir a las clases de baile que tanto disfrutábamos porque nuestra pareja cree que nada más estamos perdiendo el tiempo y el dinero, "ya no estamos en edad para esas tonterías".

¡Somos buenísimas para regalar nuestro poder!

Sí, nuestro poder. Esa fuerza interna que nos hace saber que todo es posible gracias a nosotras mismas. Esa voz que nos hace afirmar "yo puedo" ante toda circunstancia y sin absolutamente ninguna duda de que así es y así será.

Como muchas mujeres de nuestra edad, hasta que yo cumplí los 40 años, me dediqué a entregar mi poder a las personas que formaban parte de mi vida, permitiéndoles que afectaran mis sentimientos sobre mí misma y mis propias experiencias.

Obviamente no lo hacía de manera consciente, pero llevaba mi vida esforzándome por complacer a todas las personas de mi entorno. Me la pasaba tratando de no decepcionar a los demás, y en el intento me olvidé de mí misma y de mi propio poder.

¿Por qué regalamos nuestro poder a los demás?

Como mujer de 40 y más, me he dado cuenta de que antes me pasaba dándole mi poder a los demás, permitiéndoles que hicieran de mí lo que quisieran. Era más fácil darles la responsabilidad a otras personas para que definieran mi vida que hacerlo yo misma. Ninguna de esas personas eran malas, claro que no, algunos ni siquiera sabían que yo les había entregado mi poder.

Otras veces, simplemente entregué mi poder a alguien, intentando no decepcionarlo y convirtiéndome en esa persona que yo pensaba que él o ella esperaba que yo fuera.

Pero esa fue mi responsabilidad y sólo mía. YO fui quien entregó mi poder a otros. Yo sola. Nadie me obligó.

> La forma más común de renunciar al poder
> es pensando que no lo tenemos.
>
> ALICE WALKER

¿Cómo puedes recuperar tu poder y llegar a ser auténticamente TÚ?

La única manera de SER quien deseas ser en esta vida, es recuperando tu poder como mujer y siguiendo tu verdad. Es decir, siendo tú misma sin importarte lo que piensen los demás.

Esto puede ser una labor muy ardua para algunas y muy fácil para otras. Para lograrlo es absolutamente necesario comenzar por reconocer que hemos dado nuestro poder a otra u otras personas.

Le damos nuestro poder a nuestro jefe cuando nos preocupamos si nuestras acciones nos pueden costar nuestro empleo; en lugar de simplemente dar lo mejor de nosotras mismas, dispuestas a aprender y sin permitir que el mal carácter o la mala disposición de los demás nos afecte.

Le damos nuestro poder a la sociedad cuando dejamos de hacer algo que nos hace felices, como sería el tener una relación con un hombre más joven que nosotras, porque "se ve mal."

Le damos nuestro poder a nuestros seres queridos todo el tiempo: "Sería una gran escritora, si tan sólo mi pareja me apoyara"; "intento comer saludablemente, pero él no deja de traer a casa comida chatarra".

¿En serio? ¿Esas personas tienen tanta influencia sobre nosotras que les hemos dado el poder de decidir nuestras acciones y nuestros resultados?

Recuperar el poder es una decisión individual y no puede ser una decisión "a medias." No puedes recuperar "un poquito" de tu poder, ya que tu poder es una fuerza indivisible: lo tienes, o no lo tienes.

Si te cuesta trabajo confiar en ti misma para manejar tu propio poder, y eres creyente, entonces intenta por lo menos empezar por dejarlo en manos de tu Dios, cualquiera que sea.

Tu Dios te ha hecho a su semejanza. ¿No es así? Tu Dios desea que seas tú misma, ya que en la expresión de tu ser, eres SU misma expresión. Así que en el proceso de recuperar tu poder, de encontrarte a ti misma, de ser TÚ, siempre estarás logrando una mayor y más autentica conexión con tu Dios. Y eso es una maravilla.

La Mujer Maravilla

¿Te acuerdas de la Mujer Maravilla? Esa heroína súper poderosa que en los años setenta fue protagonizada por Lynda Carter en el programa de televisión del mismo nombre.

Muchas de nosotras cuando éramos niñas pasamos horas y más horas girando como un trompo con los brazos extendidos con la esperanza de transformarnos mágicamente, con el deseo de que apareciera el cinturón de la fuerza, la tiara telepática, los brazaletes protectores y el lazo dorado mágico de la verdad.

Cuando recuperamos nuestro poder es exactamente como si diéramos un giro de 360 grados y nos convirtiéramos en esa Mujer Maravilla que resuena en nuestro interior.

Nuestro poder nos hace fuertes y nos conecta con nuestra verdad sin ninguna duda de que somos capaces de crear todo lo que deseamos y que la única persona que puede detenernos en nuestro afán de lograrlo somos nosotras mismas.

Sin dejar de ser testigos conscientes del mundo que nos rodea, nos volvemos menos susceptibles a las críticas destructivas y mejores receptoras de las bellezas del universo.

Dueñas de nuestro poder, nos convertimos en autenticas Mujeres Maravilla cuando nos conectamos con nosotras mismas, reconocemos quiénes somos y quiénes deseamos ser en esta vida:

Eres una auténtica Mujer Maravilla cuando...

- eres una amazona que vive conforme a sus ideales de amor, de paz, de respeto y de igualdad entre sexos en un mundo que hasta ahora ha sido dominado por la fuerza masculina.

- reconoces que como mujeres todavía tenemos mucho que aportar desde nuestra conciencia femenina y que la oportunidad de hacerlo existe en el hoy y el ahora.
- sabes que eres única y que no necesitas ser la copia de nadie. No eres la Mujer Biónica, ni Batichica, ni la Mujer Araña, y no necesitas convertirte en ninguna de ellas, o en otra persona, para ser feliz.
- eres una heroína con gran fuerza y belleza interior y exterior, te desplazas a una gran velocidad, eres súper ágil e incansable y, a pesar de todo, pretendes ser una mujer normal.
- sabes utilizar las herramientas y los dones que tienes a tu alcance para reconocer La Verdad en cada situación y en cada persona, comenzando siempre por TU verdad.
- todo lo que haces lo haces con totalidad, disfrutando de la belleza y la magia de cada momento por lo que es y no por lo que "debería" de ser.
- te encuentras en armonía con la naturaleza y tienes una comunicación muy especial con el reino animal.

También puedes ser la Mujer Maravilla si te compras un disfraz y te pasas la vida haciendo todo lo que los demás te dicen que "debes hacer", o de acuerdo con lo que los otros esperan de ti, sin comprender realmente lo que estás haciendo y el por qué o para qué. Pero en este último caso, eres todo menos auténtica.

SOY ENERGÍA

La energía es la fuerza que nos conecta
y nos hace uno con todo lo que ES.

Te levantas a las 5:30 am y sales a correr los 5 kilómetros que te tocan de entrenamiento para tu siguiente medio maratón. Regresas a casa una hora después a bañarte, preparar el desayuno y despertar a tus hijos. Los llevas a la escuela y de ahí te vas a trabajar. Hoy tienes una junta con la dirección de tu empresa, debes hacer cuatro llamadas importantes y visitarás a un cliente potencial en su oficina. Llegas corriendo a recoger a los niños de la escuela y, después de estar atorada en el tráfico más tiempo de lo normal, finalmente arriban todos a casa. Mientras cocinas ayudas al más pequeño con las dudas de su tarea. Terminando de comer llevas a tu pequeña al ballet y a tu hijo mayor al futbol. No sin antes lavar la vajilla y poner una carga de ropa en la lavadora. Mientras los niños están en sus clases particulares aprovechas para pasar a la farmacia y llevarle la medicina a tu padre que no se ha sentido muy bien. Recoges a los niños y... ¡apenas son las 6 de la tarde y todavía tienes por lo menos cinco horas más de actividad frente a ti!

Si ésta no ha sido exactamente tu historia los últimos 20 años de tu vida, seguramente se le parece. El sacar energía de donde ni siquiera sabemos que la tenemos es uno de los comunes denominadores de todas las mujeres de 40 y más.

Si Superman vuela, el Hombre Araña trepa y Batman protege a una ciudad entera, nosotras parecemos ser poseedoras de una fuente inagotable de energía que nos permite hacer todo eso al mismo tiempo y mucho más.

Pero nuestra verdadera energía va más allá de la simple capacidad de realizar miles de labores súper poderosas simultáneamente, y sin detenernos nunca a descansar. Nuestra energía vital es la fuerza que conecta nuestro interior con nuestra experiencia exterior, y con la cual podemos poner en movimiento nuestra vida para transformarnos en lo que deseamos ser.

Sabes qué deseas ser. Aunque en este momento quizá no lo puedas poner en palabras te aseguro que ya lo sabes. De hecho ya eres quien deseas ser pero inconscientemente has decidido olvidarlo. Has decidido olvidarlo porque es más fácil ser quien otras personas te han dicho que eres, en lugar de aprender a conectarte con esa persona que realmente eres.

Vamos a llamar a esa persona que deseas ser tu "SER superior." Superior porque es una mejor versión de ti misma y no porque sea mejor a los demás.

Imagínate a esa mujer. Una mujer con todas las virtudes con las que nació: felicidad, plenitud, belleza, fortaleza, honestidad, valentía, bondad, generosidad, etcétera. Y sin ninguno de los "defectos" que ha ido recolectando mentalmente a lo largo de los años: "Soy cobarde"; "soy fea"; "soy tonta".

¿Ya la visualizaste? ¿Te gustaría contactarla?

Tu energía y la de esa mujer son una y la misma por lo que ponerte en contacto con ella no es algo muy difícil. De hecho, es algo que hiciste ya muchas veces sin darte cuenta. ¿De dónde crees que ha salido esa confianza en ti misma y la fuerza en los momentos más difíciles de tu vida? ¿Quién crees que está a cargo de ese "sexto sentido" que tenemos todas las mujeres? Tu SER superior.

Tu ser superior vive en ti y es quien te conecta con la energía de todo lo que es.

Y todo lo que es, es precisamente TODO lo que ves y lo que no ves.

Tú tienes un ser superior, yo tengo un ser superior, y así todo y todos en este universo tenemos nuestro propio ser superior quien, como el tuyo, es la mejor versión de cada uno de nosotros: lo que consciente o inconscientemente deseamos ser.

Todos esos seres superiores son la misma energía. Digamos que todos vibran en la misma frecuencia. Como si todos estuvieran en la misma onda de radio, que es una frecuencia obviamente más alta que la nuestra porque es a lo que aspiramos en nuestro proceso de crecer como seres humanos.

Cuando logras contactarte con tu ser superior, con quien anhelas ser como mujer, te estás contactando inmediatamente con TODOS los seres superiores del universo porque todos están en la misma "onda." En pocas palabras, tu energía vibra en su frecuencia y por eso automáticamente te sientes en armonía con todo lo que hay a tu alrededor.

Lo anterior es a lo que mucha gente llama "encontrarse a sí misma".

La labor de encontrarte a ti misma es muy importante cuando quieres crecer como mujer. Cuando te encuentras a ti misma también logras conectarte con tu entorno de una manera totalmente diferente a la que has estado acostumbrada, y eso te hace ver que hasta las personas más "difíciles" tienen un camino por recorrer que, si así lo deciden, las puede llevar a transformar su mundo completamente.

"¡Pero cómo puedes decir que todos tenemos un ser superior!... ¿qué hay de los violadores, secuestradores y todos esos hombres que maltratan a las mujeres?"

Estoy casi segura de que si le preguntaran a cualquier violador, secuestrador o tratante de blancas en el mundo si su pasión en esta vida, a lo que vinieron a este mundo, lo que los hace realmente felices sobre todas las cosas es "SER un violador, secuestrador y golpeador de mujeres", dudo mucho que su repuesta, después de reflexionar bien, sea un sí rotundo.

El origen de la violencia está en la relación que el agresor, y en muchas ocasiones también la víctima, tiene con sus propios sentimientos, los cuales están basados fundamentalmente en temores. Y el miedo no es otra cosa que la energía del amor mal dirigida.

Si a un agresor, o a un agresor potencial, se le dan las herramientas para darse cuenta por sí mismo de que cada uno de nosotros tiene el poder de elegir sus pensamientos y de cómo manifestar lo que somos y lo que queremos ser, entonces estamos iniciando un cambio de conciencia. Al enseñarle a conectarse con el aspecto positivo de su energía, en lugar de con el aspecto negativo de la misma, le estamos ayudando a amarse a sí mismo, y con ello a amar a los demás.

Nosotras también tenemos el potencial de ser agresoras. Así como tenemos la capacidad de amar incondicionalmente también podemos lastimarnos a nosotras mismas y a los que nos rodean cuando usamos el aspecto negativo de nuestra propia energía.

Nuestra energía vital la emitimos con nuestras emociones, nuestros pensamientos y nuestras acciones. Digamos que estos tres elementos son los motores que hacen que nuestra vida se mueva y se transforme. Son las herramientas que usamos diariamente para crear nuestra vida. Son algo así como nuestras herramientas vitales.

Así como los carbohidratos, azúcares, proteínas y vitaminas que tu cuerpo extrae de los alimentos le dan la fuerza que éste necesita para subsistir, de la misma manera tus "herramientas vitales" se alimentan de tu propia energía para crear tu vida.

La energía vital tiene dos polos, igual que la batería o pila que usas para hacer que un juguete funcione. Esos dos polos son los aspectos positivo y negativo de exactamente la misma energía, y así como no puedes comprar una pila negativa o una pila positiva por separado, tampoco puedes separar los dos aspectos de tu propia energía.

La diferencia entre tu energía y la de una pila es que la pila necesita de ambos polos para funcionar, y tú puedes manejar tu propia energía para dirigirla hacia el aspecto positivo o el negativo.

¿Qué aspecto de tu energía has estado usando últimamente para alimentar tus pensamientos, emociones y acciones? ¿La ira o la compasión? ¿La falsedad o la honestidad? ¿La hipocresía o la sinceridad?

Tienes el poder de elegir cuál de las dos propiedades de tu energía usar en cada momento.

Tu anhelo más grande es el de trabajar o colaborar en alguna institución que ayude a niños que han sido abandonados o maltratados. Ése siempre ha sido tu sueño, pero como tu padre es arquitecto, te obligó a estudiar lo mismo para que heredaras su despacho. Te graduaste como la primera de tu clase y llevas ya más de 15 años al frente del negocio que has hecho crecer exitosamente. Pareces feliz, te ves feliz, y dices que eres feliz, pero en las noches lloras a solas durante horas porque sabes que no estás siendo, ni haciendo lo que realmente deseas.

Decirte a ti misma y a los demás "soy feliz, soy feliz, soy feliz" cuando en realidad lo que estás sintiendo en tu interior es una inmensa tristeza porque no le estás siendo fiel a tu verdad, significa que no estás siendo honesta contigo misma. Estás viviendo en falsedad y totalmente desconectada de tu ser superior.

Puedes pensar que "debes" ser feliz en determinada situación y puedes actuar como si lo fueras. Pero para crear esa vida que deseas también debes sentir esa felicidad. Tus tres "herramientas vitales" o motores creadores de tu vida deben estar en perfecta sincronización con la misma energía.

Recuerda siempre que el proceso creador de nuestra vida comienza primero en nuestro corazón, con nuestros sentimientos. Esos sentimientos son "juzgados" por nuestra mente de acuerdo a experiencias pasadas tanto nuestras como de otros, y finalmente se convierten en acciones ejecutadas por nuestro cuerpo.

Tu corazón envía una señal: "Estoy triste porque ésta no es la vida que deseo." Tu mente recibe la señal y decide:

"Imposible estar triste, las mujeres que tienen todo lo que yo tengo deben ser felices, así que debo ser feliz." Tu cuerpo entonces actúa: "Una gran sonrisa y diciendo a todos lo feliz que eres con tu forma de vida."

¿Te das cuenta en dónde se está atorando tu energía? Tu mente es la que no deja fluir tus sentimientos para crear acciones que transformen tu vida.

Pensar en positivo es poderosísimo ya que los pensamientos son energía creadora. Pero pensar que eres dichosa cuando tu corazón te dice lo contrario, te aseguro que no funciona.

Para que tus pensamientos actúen como energía creativa deben estar perfectamente alineados con tus sentimientos. Es por eso que a muchas personas no les funciona lo que se conoce como la "Ley de la Atracción".

La Ley de la Atracción dice que si piensas en algo que deseas en tu vida, el universo conspirará para que lo que deseas llegue a ti. Y esto es totalmente cierto pero sólo si realmente sientes eso que deseas.

Si piensas que deseas tener una pareja porque a esta edad no es buena la soledad, lo piensas, lo piensas, lo piensas… lo dices, lo dices, lo dices… pero en tu corazón sientes que quizá éste no es el momento adecuado ya que mejor sería aprender a disfrutar tu soledad ¿qué crees que pasará? Esa pareja que tanto dices que esperas nunca llegará a tu vida.

Lo mismo sucede cuando deseas un trabajo nuevo, más dinero, tener un hijo, casarte, hacer un viaje, mudarte de casa… Si tu pensamiento positivo sobre todas estas situaciones está verdaderamente basado en el mismo sentimiento y en la congruencia, entonces creas la circunstancia ideal para comenzar a transformar tu vida usando toda tu energía creadora.

La energía creadora que deseas usar es el aspecto positivo de tu energía. Tu compasión y tu honestidad en lugar de tu ira y tu falsedad.

¿Pero qué sucede si un aspecto negativo de tu energía es el que controla tus sentimientos regularmente? ¿Qué sucede si te enojas, te deprimes o te mientes con frecuencia porque sientes que no tienes control sobre tus demás emociones como para dejarlas florecer?

Lo primero que hay que hacer es reconocer la existencia de esas emociones cuando se presenten y dejarlas fluir en lugar de acumularlas dentro de nosotras hasta permitir que controlen nuestra vida entera.

Dejar que fluya tu ira no significa que vayas hiriendo con gritos e insultos a quien se te ponga en frente o llorando por las calles como una mártir cuando sientas algo de tristeza. Enciérrate sola en tu recámara cuando te sientas iracunda o triste y aprende a reconocer cómo fluye esa ira o esa tristeza dentro de ti. Solamente cuando identificas cómo se manifiesta esa energía en tu ser, la puedes transformar.

> La energía no se crea ni se destruye, sólo se transforma.
>
> ANTOINE LAVOISIER

Tu ira y tu tristeza no aparecieron espontáneamente dentro de ti, y nunca vas a destruirlas por más que lo intentes, pues son energías que simplemente están circulando a través de tu ser. Lo que si puedes hacer es transformarlas, pasar de su aspecto negativo a su aspecto positivo.

Esta transformación de tu energía no puede suceder desde tu mente, ya que tu mente funciona a partir de conocimientos y experiencias adquiridas en tu pasado, y no basada en

lo que realmente deseas experimentar en el presente y tu intención del futuro. Tu mente te condiciona, ése es su trabajo. Así que para lograr una verdadera transformación de tu energía, una vez que hayas identificado cómo fluye en tu ser, es necesario apagar tu mente.

Existen varias técnicas para silenciar tu mente. Una de las más efectivas es la de la meditación y la contemplación. Pero si tú conoces otra forma de silenciar tus pensamientos por un rato, ¡adelante, úsala! Hay personas que les sirve imaginarse que se han cortado la cabeza y con ella sus pensamientos.

Una vez que has logrado callar tu mente, concéntrate en esa energía que deseas transformar y envíala a tu corazón. Guía tu ira o tu tristeza para que encuentren su camino no a tu corazón físico, sino al centro de tus sentimientos. Tu corazón es un transformador maravilloso.

Así como un transformador eléctrico convierte la energía eléctrica manteniendo su potencia, tu corazón convierte tu energía negativa en positiva sin perder su fuerza. Es decir, si tu vida ha estado regida por la energía de la ira y logras reconocerla, acallar tu mente y llevar la energía a tu corazón, ésta puede ser transformada en compasión, en el mismo nivel de potencia que sentías anteriormente ira.

Pero para que esto funcione debes CREERLO. Recuerda que creer es crear. Si sientes que el proceso de transformación no resuena en tu corazón, que es una falacia, sencillamente no funcionará.

¿Por qué si contamos con la capacidad de transformar nuestra energía de esa manera maravillosa existen tantas personas que deciden no creer que esto sea posible?

Porque éste es un proceso energético que implica un trabajo de sensibilización, de perdonarnos y perdonar, y de aprender a vivir la vida en el presente. A muchas personas les da mucho miedo reconocer su propio poder creativo y por eso buscan cambiar su vida de afuera hacia adentro, en lugar de comenzar por su interior.

Quien no cree que es posible transformar su vida es porque no ama y no se ama lo suficiente, o ha amado con condiciones y por la fuerza.

> El amor por la fuerza nada vale,
> la fuerza sin amor es energía gastada en vano.
>
> ALBERT EINSTEIN

La energía más poderosa, más creativa, más transformadora y más sanadora que puedes usar en tu vida es la del amor.

Vibrar en amor te hace más fuerte, ya que crear amor incrementa tu energía.

Cuando sientes amor, piensas en amor y actúas en amor, te encuentras en conexión directa con tu ser superior. Con esa persona que siempre has buscado y que en realidad ya eres pero lo habías olvidado.

El polo opuesto de la energía del amor es el temor, y es precisamente ese temor a darte cuenta de lo maravillosa que ya eres lo que te hace buscarte en todos lados menos dentro de ti.

SOY AMOR

El amor tiene una propiedad fundamental, es la libertad y
siempre lleva a la libertad.

¿Alguna vez te han preguntado qué eres y has considerado usar como respuesta "soy amor"?

No me refiero a usar frases como "soy un amor" o "estoy enamorada" o "vivo con amor" o "sé lo que es el amor", sino a aceptar que TU esencia más pura, lo que realmente eres y de lo que estás hecha es el amor. Que así como eres mujer y lo sabes, también eres amor y lo vives.

Si no expresas que eres amor, es porque CREES que no lo eres y no porque no lo seas.

Muchas mujeres de 40 y más van por la vida expresando su sufrimiento porque "nadie las ama como se lo merecen", en lugar de aceptar que si no hay amor en su vida es simple y sencillamente porque no se aman a sí mismas.

"¡Es que me rompió el corazón!" ¿Cuántas veces has dicho esta frase o se la has oído decir a alguna amiga? ¿Cientos de

veces quizá? ¿O es que no es acaso la frase más usada por nosotras las mujeres cuando sentimos que somos "víctimas del desamor"?

¡A fin de cuentas es el tema de una infinidad de canciones, poemas, libros, series de televisión y películas!

Bueno, pues te tengo una buena noticia: ni somos víctimas, ni existe el desamor, ni nuestro corazón se puede romper. A menos que nosotras elijamos que así sea. Y la verdad es que no creo que ninguna mujer desee conscientemente "sufrir" de esa manera si tiene la opción de no hacerlo.

Entregarse plenamente en una relación es una de las experiencias más bonitas que cualquier persona puede vivir, siempre y cuando estemos dando amor por el placer que nos causa darlo y no por que esperamos recibir algo especifico a cambio.

No estoy hablando exclusivamente del amor de pareja. Sino del amor que compartimos desde dentro de nosotras con todos y todo lo que nos rodea. El amor que es libre y puro: el amor de pareja, el amor a nosotras mismas, el amor a nuestros hijos y a nuestros padres, el amor a nuestros amigos, el amor a los demás, el amor a la naturaleza.

Estoy hablando de amor incondicional, de amor verdadero, de amor del "bueno". No del típico amor de "yo te doy, si tú me das". El amor no se puede medir. No es como la leche o el pan. No viene en litros o en kilos. No te doy un kilo de amor esperando que me regreses mi kilito cuando yo lo necesite para ser feliz.

Si sientes que el amor se trata de eso, de un "te doy si me das… y si me lo quitas me muero", probablemente lo que estás viviendo no es amor sino un enamoramiento.

Enamoramiento = en + amor + miento

El enamoramiento es una forma del apego que conduce a la dependencia. Es eso que nos hace sentir que "no podemos vivir sin la otra persona", igual que un alcohólico no puede vivir sin la bebida o un drogadicto sin las drogas.

El enamoramiento es como un bastón que usamos para apoyarnos en la otra persona en lugar de llevarla a nuestro corazón para liberarla y liberarte tú misma.

El enamoramiento es el que nos hace sentir que necesitamos de otra persona para estar "completas".

Cuando damos amor realmente a alguien incondicionalmente, lo hacemos sólo por la experiencia que el dar amor nos hace sentir a nosotras y no solamente a nuestra pareja.

Y como en el dar está el recibir, esa experiencia de dar amor nos llena, nos completa, nos satisface. Es la experiencia de DAR amor lo que logra que sintamos esto y no lo que la otra persona hace o deja de hacer.

Por eso si estás en una relación y de repente tu pareja decide que quiere terminar, es imposible que tu corazón "se rompa". Se romperá tu lazo con esa persona y se romperá la oportunidad de experimentar el darle amor a esa persona. Eso te puede hacer sentir triste, y es normal, ya que la tristeza es la energía que usamos cuando decimos adiós a una persona o a una experiencia, pero tu corazón sigue ahí al pie del cañón.

Tu corazón siempre está listo para que le des la oportunidad de amar mucho y disfrutar de dar amor infinitamente. Porque para eso tenemos corazón y ése es precisamente su trabajo: ¡amar incondicionalmente!

¿Entonces, por qué a veces estamos en una relación y la verdad es que no sentimos ese amor incondicional por más que lo intentemos?

Porque en realidad no estamos dándolo, ya que nadie puede dar lo que no tiene.

Imagínate que dentro de ti, más o menos a la altura de tu corazón, hay un tanque como el de la gasolina del coche que puede estar lleno, medio lleno, medio vacío o en situación de "échale".

Ese tanque se llena de amor, y quien lo llena no son los demás. NO. No hay un hoyito por donde echarle amor al tanque, el tanque de amor se llena desde adentro de ti misma.

Si tienes amor dentro de ti misma entonces puedes dar amor a los demás. Si no, NO. Tan sencillo como eso.

También, si el tanque está lleno de otra cosa es imposible meterle amor. Como todas aprendimos alguna vez en la clase de física: dos cosas no pueden ocupar el mismo espacio.

Primero, hace falta sacar o deshacerte de eso que está ocupando el espacio en tu "tanque", pueden ser sentimientos de odio, resentimiento, envidia o frustración; hay que sacarlos para abrirle espacio al amor.

El verdadero amor tiene una propiedad fundamental que es la libertad y siempre lleva a la libertad. Esto quiere decir que el verdadero amor se da a los que amas sin esperar cambiarlos y sin esperar que cambies tú.

Aceptarlos tal como son y aceptarte tal como eres, respetando el don más valioso que todos hemos recibido: nuestra libertad.

¿Y cómo puedes alcanzar el verdadero amor?

Para alcanzar el amor verdadero debes confiar en tu verdad, es decir, seguir todo eso que tu corazón te dicta y que a

veces es muy difícil de escuchar porque somos muy buenas distrayéndonos con el ruido de nuestra mente condicionada.

Para alcanzar el amor verdadero:

- no tienes que convertirte en la modelo de los sueños y deseos de los demás;
- no tienes que ser ni más ni menos de lo que ERES;
- reconoce que tienes el derecho a crear tu propia vida;
- acepta que eres completa –quizá necesites atenderte un poco más pero tal como eres, ERES perfecta;
- admite que si no te amas a ti misma, no encontrarás a nadie que te ame verdaderamente (el amor produce amor);
- decreta que si te amas encontrarás el amor; y si no te amas, encontrarás un gran vacío; finalmente
- reconoce que si te aceptas puedes cambiar aquello que no te sirve, ¡la vida es cambios y los cambios son vida!

Como puedes apreciar en la lista anterior, el amor verdadero comienza por ti y está sujeto antes que nada a tu relación contigo misma.

Tu felicidad depende de encontrar esa conexión con tu propio ser y de amarte a ti misma por lo que eres y no por las cosas que haces o dejas de hacer para encontrar la felicidad.

Es fácil decirlo. Pero como dicen: "Del dicho al hecho hay un buen trecho." Nos queremos mucho, sí, pero a veces se nos olvida lo que realmente significa amarnos a nosotras mismas.

> La suprema felicidad de la vida es saber que eres amado
> por ti mismo, o más exactamente, a pesar de ti mismo.
>
> Victor Hugo

La sociedad a través de los siglos nos ha condicionado a las mujeres a creer que amarnos a nosotras mismas no es bueno, que es una simple excusa para ser egoístas, para dejar a un lado nuestras responsabilidades y aislarnos de nuestro entorno.

Desafortunadamente este condicionamiento sí ha funcionado en muchos casos y es una de las causas por las cuales en muchas partes del mundo las mujeres han permitido ser sometidas y humilladas.

Amarse a sí misma no significa de ninguna manera ser egoísta; sino reconocer que para compartir nuestro amor con los demás es necesario, antes que nada, sentir mucho amor por nosotras mismas.

Por amarte a ti misma no vas a dejar de amar a los demás. Recuerda que cuando te concentras en una energía ésta se expande. Si aprendes a amarte a ti misma ese amor crecerá exponencialmente y no tendrá de otra que fluir de tu interior hacia tu exterior, tocando el corazón de los seres que te rodean.

Amarse a sí misma no significa dejar a un lado nuestras responsabilidades hacia los demás; sino aceptar que nosotras somos responsables, siempre, de nuestra propia vida y felicidad; y que una vez que hemos logrado la vida que deseamos, entonces y sólo entonces podemos guiar y ayudar a nuestros seres queridos a ser felices.

Muchas mujeres creen que están descuidando a su familia cuando dedican tiempo a alguna actividad que representa su pasión en la vida y que las ayuda en el proceso de amarse y conectarse consigo mismas. Pero no se dan cuenta que cuando insisten en llevar la vida como la dictan los demás y no como la dicta su corazón, nunca serán verdaderamente felices. ¿Y cómo puede una madre enseñar a sus hijos a ser felices si ella no lo es?

Amarse a sí misma no significa que estamos aisladas o separadas de quienes nos rodean; sino, muy al contrario, es el primer paso en el proceso de aceptación de que somos parte de un todo y que para que ese TODO sea dichoso, cada una de sus partes tiene que serlo.

Porque a lo que venimos a este mundo es a ser dichosas, a disfrutar de todos los dones que la existencia nos ha regalado y a compartir nuestra felicidad con todos los seres que viven en este universo.

¿Suena fácil?

Lo sería si todas las mujeres recordáramos que la relación más importante de nuestra vida es con nosotras mismas, y que el más grande amor de nuestra vida no tiene un nombre como Mario, o Jorge, o Andrés.

Es cuestión de recordar cada momento que el más grande amor de tu vida no se encuentra allá afuera, sino dentro de tu corazón.

Insisto, es cuestión de RECORDAR, porque en realidad esto es algo que las mujeres ya sabemos, pero nos obstinamos en olvidar.

Nos pasamos la vida leyendo artículos en revistas, horóscopos y tirándonos las cartas para que alguien nos explique por qué no llega a nuestra vida ese príncipe azul de los cuentos de hadas que leíamos de pequeñas. O, peor aún, deseando que alguien nos revele cómo es que el hombre con el que compartimos nuestra vida NO es un príncipe azul.

Nos autocriticamos por todas las decisiones que tomamos sobre nuestras relaciones. No nos gustamos, no nos queremos y no nos respetamos. Y luego nos preguntamos por qué no somos felices.

No busques el amor, sino las barreras que te impiden encontrarlo en tu interior.

La mayor barrera que te impide sumergirte en lo más profundo de tu ser y conectarte con tu amor por ti misma es el miedo. El miedo a descubrir tu potencial como mujer, y a reconocer que eres totalmente única y maravillosa.

Porque aunque lo niegues ¡el hecho de ser TÚ misma es un milagro maravilloso! De todas las personas que han pasado por este planeta desde el principio de los tiempos nunca ha habido nadie exactamente como tú.

Nadie que ha vivido o vivirá tiene tu combinación de habilidades, talentos, apariencia física, relaciones, experiencias y oportunidades.

Nadie tiene el mismo cabello que tú, las mismas huellas digitales que tú. Nadie ríe como tú, ni estornuda como tú, ni se expresa exactamente como tú. Y nadie es amado por la misma combinación de personas que te aman a ti. Nadie.

Nadie puede amar como tú, ni hablar como tú, ni dar el mismo significado a la vida que tú le das. Nadie puede dar consuelo como tú, ni entender a tus seres queridos como tú lo haces.

Nadie puede disfrutar de la vida como tú, ni tener tu sonrisa, ni impactar a este mundo con tu presencia como tú.

Nadie antes que tú y nadie después que tú... ¡eres absolutamente única!

¿Entonces, por qué no dejas ir el miedo y aprendes a amar tu singularidad?

No necesitas cambiar lo que eres para parecerte a otra mujer. ¡No naciste para ser otra mujer! No mientas o escondas esas partes de tu ser que son diferentes a las demás, porque precisamente eres diferente a las demás por una razón.

Naciste para SER diferente. Para ser TÚ misma.

En ningún lugar del mundo hubo, hay o habrá otra mujer que piense como tú, sienta como tú y actué como tú; porque tanto tu mente, como tu corazón y tu cuerpo son únicos.

Si tú no existieras habría un vacío, un hueco en la historia, algo faltante en el Plan divino de la creación.

Por eso ama tu singularidad. Es un regalo que la existencia te hizo a ti y sólo a ti para que lo disfrutes y lo compartas.

Ama a esa mujer única y maravillosa que vive dentro de ti, que vibra y crece con cada experiencia que la vida te regala. A esa mujer que es amor puro, amor incondicional. A esa mujer que eres TÚ en cada momento presente.

Y cuando sientas que el ruido de la vida te hace olvidar quién eres realmente, busca un momento de silencio, mírate al espejo y afirma desde lo más profundo de tu corazón:

YO SOY EL AMOR MÁS GRANDE DE MI VIDA,
ME GUSTO COMO SOY, Y NO ME CAMBIO POR NADA
NI POR NADIE.